Vom KZ ins Kloster

Sr. Theodolinde Katzenmaier OSB

Für alle Freunde und Kameradinnen,
die mit mir gelitten haben

Sr. Theodolinde Katzenmaier OSB

Ein Stück Lebensgeschichte

EOS-VERLAG ST. OTTILIEN

Die Deutsche Bibliothek — CIP-Einheitsaufnahme

Katzenmaier, Katharina:
Vom KZ ins Kloster / Katharina Katzenmaier.
- St. Ottilien : EOS-Verl., 1996
ISBN 3-88096-296-0

Mit Druckerlaubnis: Kloster St. Lioba, Freiburg/Br.-Günterstal
Satz und Druck: EOS-Verlag Erzabtei St. Ottilien, D-86941 St. Ottilien
Text und Zeichnungen: Sr. Theodolinde Katzenmaier, OSB
Fotos: Aus Sammlung von Sr. Theodolinde

Inhalt

Vorwort

Warum habe ich mich erst jetzt – fast 50 Jahre danach – entschlossen, meine Erinnerungen an die Zeit meiner Verhaftung und des anschließenden KZ-Aufenthaltes in Ravensbrück aufzuschreiben?

Als nach dem Ende des 2. Weltkrieges die ersten Berichte und Fotos aus den Konzentrationslagern kamen, als man von den unvorstellbaren Greueltaten und Unmenschlichkeiten in Auschwitz und von der großen Zahl ähnlicher Lager erfuhr – da wurde damals deutlich, daß die Leiden das Maß des Vorstellbaren, des Nacherlebbaren überstiegen. Außerdem waren die Menschen in Deutschland unmittelbar nach dem Krieg erst einmal froh, daß nicht mehr geschossen wurde, daß keine Bomben mehr fielen und, daß trotz Hunger und Trümmer das Leben irgendwie weiterging. Sie wollten nach vorne schauen, wieder Normalität erleben und nicht von den Schrecken der Vergangenheit eingeholt werden.

Daher ist es verständlich, daß in der ersten Nachkriegszeit nur wenige der Überlebenden aus den Konzentrationslagern die innere Bereitschaft und die Kraft fanden, über jene entsetzliche Zeit und ihre persönlichen furchtbaren Erlebnisse zu berichten. Zudem war die Zahl derjenigen, die das KZ überlebt hatten, klein im Vergleich zu der übergroßen Zahl der anderen, die ermordet oder die an Entbehrungen Krankheiten und Mißhandlungen gestorben waren; dennoch waren es Tausende, die überlebt hatten und die Zeugnis hätten abgeben können.

Der Wille aber der ehemaligen KZ-Häftlinge, nach so viel Ungeheurem und entsetzlichen Leiden sich zunächst wieder in den Alltag einzugliedern und die Vergangenheit zu verdrängen, war nur verständlich und überdeckte bei weitem das Bedürfnis zu berichten. Schwester Placida, eine Mitschwester und Leidensgenossin aus Ravensbrück, schildert diese Situation sehr treffend: »Im Anfang konnte ich nicht sprechen, als ich gefragt wurde – und später hat man mich nicht mehr gefragt.« Es gab Überlebende der KZs, die Selbstmord verübten, weil sie nicht verstehen und akzeptieren konnten, daß die, die diese Hölle nicht ertragen mußten, von dem Geschehen im Lager nichts wissen wollten. Diese ehemaligen Häftlinge hatten das Gefühl, sie seien nur lästig, sie störten im wieder normal gewordenen Alltag der Nachkriegszeit.

Heute, nach so vielen Jahren, ist man eher bereit, sich der Vergangenheit zu stellen, will man wissen, wie es damals war und wie es überhaupt dazu kommen konnte. Gerade die aufgeschlossene und unvoreingenommene Jugend will die Wahrheit über den Nationalsozialismus wissen. Sie vermag nicht zu begreifen, daß ein solches Terror-Regime entstehen konnte, daß kein Widerstand möglich war, es sei denn unter Einsatz des eigenen Lebens. Ich selbst hatte das Glück, daß ich nach meiner Rückkehr aus Ravensbrück durch meine liebe- und verständnisvolle Familie aufgenommen und aufgefangen wurde. Außerdem konnte ich durch eine rege Vortragstätigkeit über die KZ-Zeit, verbunden mit politischer Aufbauarbeit, und durch meinen Beruf, der mich voll gefordert hat, viel von dem verarbeiten, was ich in der Zeit von 1943 bis 1945 durchstehen mußte.

Mein entscheidender Dank gilt Gott und meinem christlichen Glauben, die mich dieses Schicksal überstehen ließen. Das war und ist bis heute meine feste Überzeugung. Oft wurde ich gebeten, meine Erinnerungen niederzuschreiben. Jetzt, im Alter, finde ich die innere Ruhe und den Abstand zur Vergangenheit, um meine Erinnerungen aufzuschreiben und die Bilder und Eindrücke jener Schreckenszeit, die noch ganz deutlich in mir sind, zeichnerisch darzulegen.

In meinem ersten Tagebuch konnte ich folgendes selbstgemachtes Gedichtchen finden, das meine heutige Lebenssituation ahnend vorausnahm:

Langsam löst sich Blatt für Blatt
von der Blüte,
und es bleibt eine kleine Frucht,
die wachsen will.

„Er starb, damit wir leben...“

O Herr, in Deiner Güte
laß doch mein Gemüte,
das dieses Wachsen sucht,
befruchten – stark und still!

So möchte ich mit der Darstellung meines eigenen Schicksals einen kleinen weiteren Mosaikstein hinzufügen zu denen, die von diesem dunklen Kapitel der deutschen Geschichte Zeugnis geben. Denn gerade das fürchteten die Nazis am meisten. Sie wollten auf keinen Fall, daß die Greuel der Konzentrationslager, ihre Menschenverachtung und ihre Vernichtungsstrategie der Weltöffentlichkeit bekannt wurden. Deshalb schickten sie die Überlebenden der Lager kurz vor Ende des Krieges, als schon die Siegermächte auf deutschem Boden heranrückten, noch auf die sogenannten Todesmärsche, wo viele Häftlinge auf der Landstraße vor Schwäche zusammenbrachen und von SS-Aufsehern erschossen wurden. Sie wollten auf diese Weise ihr menschenvernichtendes Terrorregime bis zum Schluß vor der Öffentlichkeit geheimhalten. Nun geht die Zeit der noch lebenden Zeugen ihrem Ende zu. Da mögen manche die Frage stellen: warum sich mit der Vergangenheit belasten, die man nicht zu verantworten hatte, wo es doch heute um die Aufgaben der Gegenwart und der Zukunft geht? – Doch wer vor der Vergangenheit die Augen schließt, wird blind für die Gegenwart. Wer sich der Greuel und Menschenverachtung nicht erinnern will, wird anfällig für neue Ansteckungsmöglichkeiten. Nur, wer sich der Vergangenheit stellt, wer sich erinnert, ist in der Lage, die Gefahren für die Zukunft zu erkennen und zu bannen. Wer bereit ist, aus den furchtbaren Erfahrungen der Vergangenheit zu lernen, vermag die Gegenwart und die Zukunft verantwortlich mitzugestalten.

In diesem Sinne erscheint mir die schriftliche Niederlegung und zeichnerische Darstellung meiner Erfahrungen ein kleiner Beitrag zu sein für eine dauerhafte Form des Erinnerns, zu der die kommenden Generationen finden müssen. Sie müssen wachsam bleiben, damit nie wieder ein so menschenverachtendes System entstehen kann!

Der ehemalige Münchener Weibischof Johann Neuhäusler, selbst Häftling in Dachau, schreibt über die letzte Bitte vieler Mithäftlinge: »Wenn das Wunder geschieht, daß ihr lebend davonkommt, schreibt es auf und sprecht es aus, was sie mit uns angestellt haben! Das war das heiligste Vermächtnis der Kameraden, die in unseren Armen starben oder mit dem Invalidentransport zum Vergasen geschleppt wurden...., deren Asche durch die Schornsteine davonflog und die Felder der Fremde bedeckte.«[1]

ALS SEELSORGERIN IN PÜTTLINGEN

Als ich meine erste Stelle als Seelsorgerin 1942 in der Gemeinde St. Bonifatius in Püttlingen an der Saar, einem Kohlebergbaugebiet, antrat, ahnte ich nicht, welche Wendung mein Leben von dort aus nehmen würde. Ich ging mit großem Engagement an meine vielfältigen Aufgaben, hatte ich mich doch bewußt für eine Gemeinde in einem vorwiegend von Bergarbeitern geprägtem Ort entschieden. Nach der Meinung des Weihbischofs von Trier war die Pfarrei St. Bonifatius in Püttlingen/Saar »ein Weinberg des Herrn mit vielen Steinen«, also ein »Steinberg«. Unvergeßlich waren die Worte, die der dortige Pastor Georg Kronenberger bei meiner Ankunft an mich richtete: »Entweder, Sie opfern hier Ihr Herz und vielleicht Ihr persönliches Leben, oder die Pfarrei hat nicht die richtige Seelsorgshelferin.« Und ich wollte doch eine richtige Arbeiterin im Weinberg des Herrn sein!

Meine Aufgabengebiete erstreckten sich vom Religionsunterricht – der damals *nur* in kirchlichen Räumen auf freiwilliger Basis erteilt werden durfte, nicht in Schulen –, über Jugendarbeit und Erwachsenenbildung bis hin zum pastoralen Familiendienst, der mit vielen Hausbesuchen verbunden war. Da der Herr, der den Organisten- und Küsterdienst versah, als Soldat eingezogen war, gehörten auch diese Aufgabengebiete zu meinen Pflichten, ebenso die Tätigkeit als Pfarrsekretärin. So gab es reichlich zu tun. Sehr schnell nannten mich die Kinder »Schwester Katharina«, und wenn 500 Kinder das sagten, konnte man es den Eltern nicht verweh-

Pfarrkirche
Sankt Bonifatius in Püttlingen Sr. Th. 89

ren. Sogar die ganz Kleinen, die meinen Religionsunterricht noch nicht besuchen konnten, riefen auf der Straße: »Komm, Schwester Katharina, spiel mit uns!«

Die Begeisterung für den von mir gegründeten Kinderchor war groß. 56 Kinder übten fleißig zweistimmig und im Choralgesang. – Langsam gelang es auch, die Erwachsenen zu gewinnen, die Weihnachten 1942 unter meiner Leitung in einem mehrstimmigen gemischten Chor die lateinische Messe von Philipp sangen. Wenn ich mit der Leinwand und dem Filmapparat auf der Straße gesehen wurde, konnte unser primitives Pfarrheim die Filmfreunde nicht fassen. Und unser guter Pastor Kronenberger freute sich über meine Aktivitäten.

Zu der Zeit gab es in dieser Region häufig Bombenalarm, die das tägliche Leben beeinträchtigten und uns oft zwangen, die Bunker aufzusuchen. Für die meisten Grundnahrungsmittel benötigte man Lebensmittelkarten, – und Schlangestehen vor den betreffenden Geschäften gehörte zum Alltag. Die Vorbereitung der Kommunionskinder fand – wie gewohnt – in unserer Gemeinde statt; die Aufgabe war mir übertragen worden und machte mir viel Freude. – Ich bemühte mich für das eine oder andere bedürftige Kind Kommunionkleidung und Schuhe zu besorgen.

Am Palmsonntag 1943 – ich erinnere mich noch genau – erlitten wir einen schweren Luftangriff. Es fielen Brand- und Sprengbomben auch auf den Ortsteil Ritterstraße. Im Trainingsanzug und mit einem Pickel half ich, mit vielen anderen, Verschüttete und Verwundete zu bergen. Herr Pastor Kronenberger zog sich bei einer Rettungsaktion einen Knochenbruch am linken Fuß zu. In dieser Zeit gab es noch mehrere Angriffe auf Püttlingen und auf die Ritterstraße. Außer Verwundeten waren auch Tote zu beklagen. Es mußte viel Trost gespendet werden. Kaum verging eine Woche , ohne daß nicht eine Familie die schmerzliche Nachricht vom Tode des Ehemannes, des Vaters, des Bruders, des Verlobten oder sonst eines Verwandten erhielt. Vermißtenmeldungen kamen immer häufiger. Die Seelsorger – dazu gehörte ich – waren gefordert, dieses Leid der Pfarrangehörigen mitzutragen und Hilfe zu geben. Dies war oft nicht leicht. Etwa 1 ½ Jahre war ich in Püttlingen in der St. Bonifatius-Gemeinde tätig.

Ursprünglich wollte ich nach dem Abitur, das ich im Institut der Englischen Fräulein in Bensheim ablegte, Medizin studieren. – Dieser Schule in Bensheim, die ich 11 Jahre lang zusammen mit meinen vier Schwestern besuchen durfte, verdanke ich eine hervorragende Ausbildung und eine religiöse Ausrichtung, die offen gegenüber allen Weltanschauungen war. Auch jüdische Mädchen, Engländerinnen und Französinnen besuchten diese Schule. 1939 wurde der Unterricht von den Nazis verboten und die Schule mußte geschlossen werden.

Wir fragten uns, mit welchem Recht sich die nationalsozialistische Staatsgewalt erlaube, unsere Schule zu schließen, die Ordensschwestern zu vertreiben, alle Einrichtungen zu beschlagnahmen? Kein Wunder war es daher, daß ich mich wie manche meiner Mitschüler gegen »Hitler« und für den Widerstand einsetzte.

Martin Buber, der große jüdische Philosoph und Theologe, wohnte acht Jahre in meiner Heimatstadt Heppenheim; er war ein guter Freund meines Vaters, lehrte an der Universität Frankfurt und traf daher oft mit uns Fahrschülerinnen am Heppenheimer Bahnhof zusammen. Er hatte uns oft vor einer schlimmeren Zukunft unseres Heimatlandes gewarnt. Eines Tages vermißten wir diesen guten Menschen: er war nach Jerusalem ausgewandert, bevor die Synagoge in Heppenheim am Fuß der Starkenburg brannte.

Ich wollte Medizin studieren mit dem Ziel, Missionsärztin in Afrika zu werden. Diesen Wunsch hatte ich schon als Vierjährige geäußert. Damals, im Jahre 1922, durfte ich mit zum Bahnhof, als mein Großvater in den Pilgerzug nach Rom einstieg. Ich wollte gleich mit einsteigen, um dann über Rom bis nach Afrika weiterreisen zu können. Das »Nein« meiner Eltern zu diesem Zeitpunkt befestigte in meinem Herzen den kindlichen Wunsch: Ich wollte Missionsschwester / Missionsärztin in Afrika werden. Um einen Studienplatz für Medizin zu bekommen, bewarb ich mich in Würzburg. Aber zwei Hindernisse standen diesem Ziel entgegen:

1. Eine ärztliche Untersuchung ergab, daß mein Herz für einen Tropenaufenthalt nicht geeignet sei, und
2. mein Vater verstarb plötzlich mit 51 Jahren auf einer Wallfahrt an Herzversagen.

Da wir zu Hause fünf Kinder waren, konnte meine Mutter von der kleinen Rente ein Studium nicht finanzieren.

Um meiner geplanten Berufsausbildung dennoch näherzukommen, nahm ich eine Stelle als medizinische Assistentin beim Chefarzt des Bensheimer städtischen Krankenhauses gerne an. Dort half ich zwei Jahre in der Sprechstunde, im Labor und bei kleinen Operationen. Herr Dr. Ebner, der von meinem Berufswunsch wußte, gab mir mit großer Geduld und Mühe Informationen, auch bei den Visiten an den Krankenbetten. Nach Beginn des Westfeldzuges überfüllten große Verwundetentransporte, begleitet von Ärzten, unser Krankenhaus, wo Tag und Nacht operiert wurde. Spott, Grobheiten und offene Kritik kamen aus dem Mund einiger schwerverwundeter Soldaten, die Aggressionen gegen die derzeitige Politik und die Kriegsführung äußerten. Da traf mich tief das Verhalten eines Offiziers, der von mir verlangte, das Kreuz an der Wand über seinem Bett zu entfernen. Mit einem Haßausbruch gegen Gott verstarb er. Durch dieses Erlebnis aufgewühlt, fragte ich mich in dieser Zeit immer wieder: Was ist wichtiger, die Sorge um den Leib oder um die Seele?

Der Chefarzt des Bensheimer Lazaretts, Herr Dr. Ebner, mit dem ich meine Gedanken und Überlegungen besprach, riet mir ab, in dieser kirchenfeindlichen Zeit des Nationalsozialismus eine Ausbildung als Seelsorgshelferin zu wagen. Doch ich hatte von Natur aus keine Angst, hatte zudem Geld für eine Ausbildung verdient, und entschied mich, nach Freiburg zu gehen. In dem Seminar für Seelsorge wollte ich mich auf den Beruf als Seelsorgshelferin vorbereiten. Zu dieser zweijährigen Ausbildung gehörten auch Praktika in Pfarreien in Essen, Freiburg und Heppenheim, an denen ich mit Begeisterung teilnahm und bei denen ich auch im sozialen Bereich arbeiten durfte.

Ein Erlebnis aus dieser Zeit ist mir besonders in Erinnerung geblieben. Meine Studienfreundin Irmgard Müller lud mich Weihnachten 1941 ein, nach Nordenham zu kommen. Dort bekamen wir Kontakt zu Mädchen, die zum Kriegsdienst verpflichtet wurden. Sie kamen aus Süddeutschland, mußten in Baracken leben und trafen sich in ihrer geringen Freizeit mit deutschen Soldaten. Viele dieser Mädchen wurden schwanger und litten sehr darunter, daß sie auf diese Weise gezwungen waren, ein Kind auszutragen, um »dem Führer die nordische Rasse zu vermehren.« Als ich nach Neujahr 1942 über Bonn nach Freiburg zurückkehrte, fühlte ich mich verpflichtet, diese Mißstände beim Caritas-Verband Freiburg zu melden. Diese Meldung fand dort kein Gehör. Dann versuchte ich es beim Erzbischof Gröber in Freiburg, der sich aufgeschlossen zeigte und Hilfe versprach. Die Eindrücke dieser winterlichen Reise beeinflußten und störten meine Konzentration für die Abschlußprüfung im Frühjahr 1942, die ich dennoch bestand, und so konnte ich als ausgebildete Seelsorgshelferin meine berufliche Tätigkeit beginnen.

Auch die Verhältnisse in unserer Bonifatius-Gemeinde in Püttlingen waren damals schon überschattet durch die Kriegsereignisse und den zunehmenden Einfluß der Nazis auf alle Bereiche des täglichen Lebens. Es gab kaum einen Berufsstand, der nicht von den Ideen des Nationalsozialismus beeinflußt war und dafür eintrat. Manch einer wurde auch dazu gezwungen, der, Partei oder einer ihrer Organisationen beizutreten, um Nachteile von seiner Familie fernzuhalten oder um einen Arbeitsplatz zu bekommen. Viele waren Mitläufer, darunter viele Lehrer, die das Parteiabzeichen trugen.

Volksschule in Püttlingen-
Ritterstraße

Gefährlich war die Parteispitze und diejenigen, die um jeden Preis durch die Partei zu Geltung und Macht kommen wollten. Ihnen war jedes Mittel recht, die Bevölkerung einzuschüchtern.

Man durfte nur noch den Deutschlandsender hören; es war unter Strafe verboten, andere Sender einzuschalten. In der Schule zählten primär Sport und Wehrertüchtigung. Besonderen Wert legten die Nazis darauf, die Jugend im Sinne der »nationalsozialistischen Weltanschauung« zu indoktrinieren. Lehrer, die ihnen verdächtig erschienen wurden überwacht. Auch die Geistlichen und diejenigen, die sich im kirchlichen Bereich engagierten wurden bespitzelt. So wurden auch die Gottesdienste von Männern der Gestapo besucht, und es wurde mitgeschrieben, was unser Pastor, Georg Kronenberger, und mir durchaus bekannt war. Doch die Mehrzahl der Gläubigen ließ sich nicht von dem Nazi-Regime einschüchtern und stand treu zu ihrer Kirche.

Es gelang uns, allen Anfeindungen zum Trotz, im Jahre 1942 und auch 1943 die amtliche Genehmigung zur Fronleichnamsprozession zu erhalten. Ich hatte mit den Kindern und Frauen die Organisation dieses Festes übernommen, und am Fronleichnamstag früh entstand ein wunderschöner Blumenteppich vor dem Portal der Kirche. Doch ein Fanatiker und Gegner der Kirche zerstörte mit dem Stock und Füßen diesen schönen, zur Ehre Gottes erstellten Blumenteppich.

Die Kinder kamen im Religionsunterricht auch mit kritischen Fragen. Sie hätten in der Schule gelernt, daß Menschen, die an Geisteskrankheiten litten, unter das

Gesetz der »Tötung des lebensunwerten Lebens« fielen. Natürlich wollten sie wissen, ob das richtig sei. Auch berichteten sie, daß im Buch von Rosenberg »Der Mythos des 20. Jahrhunderts«, das im Schulungsunterricht besprochen wurde, der heilige Paulus als »Judenschwein« bezeichnet wurde. Als Religionslehrerin fühlte ich mich verpflichtet vor den Kindern klare Stellung zur Euthanasie zu beziehen, und diese als Tötung menschlichen Lebens zu brandmarken. Da ich immer wieder vor Spitzeln gewarnt wurde, habe ich in jener Zeit nie eine Religionsstunde gehalten, die nicht schriftlich vorbereitet war.

Vorsicht und Klugheit waren geboten, dennoch durfte ich den aktuellen Fragen junger Menschen nicht ausweichen, sondern mußte nüchtern und präzise Antworten geben. Dazu war ich vor Gott und meinem Gewissen verpflichtet. Wenn ich bei meiner Vorbereitung schwierige Fragen notierte, um sie in der nächsten Stunde zu beantworten, so war ich oft in Versuchung, feige auszuweichen, aber dann fielen mit die Worte des heiligen Paulus ein: »Verkünde das Wort, tritt auf, sei es gelegen oder ungelegen! .... Denn es kommen Zeiten, da man die gesunde Lehre nicht erträgt, sondern sich zum Ohrenkitzel nach eigenen Gelüsten Lehrer verschafft. Von der Wahrheit aber wird man das Ohr abwenden...« (2 Tim. 4, 1–4).

Diese Worte des heiligen Paulus spornten mich an, ohne Scheu und Angst die Sache der Kirche zu vertreten: an Mütterabenden, bei heranreifenden Jugendlichen, in den Familien, bei Gesprächen auf der Straße mit Gemeindemitgliedern.

Rückblickend läßt sich sagen, daß die wahren Ziele der Nazis schon früh zu erkennen waren. Kurze Zeit nach der »Machtergreifung« wurde das ganze öffentliche Leben »gleichgeschaltet«, nach der nationalsozialistischen »Weltanschauung« geformt: Parteiverbot, Verbot kirchlicher Vereine, Entfernung der Kreuze aus den Schulen, Auflösung der Ordensschulen, Entrechtung und Verfolgung der Juden, Erfassung der Jugend in Organisationen der Hitlerjugend (HJ) und dem Bund deutscher Mädchen. (BdM) Waren das nicht alles Warnsignale?

»An ihren Früchten werdet ihr sie erkennen!« Dennoch ließen sich viele täuschen oder beruhigen, glaubten an den »Führer« bis zum bitteren Ende. – Viele, die die Zeichen erkannten, schwiegen, obwohl es klar war, daß so etwas zum Bösen führen mußte?

Ich selbst wußte, daß ich unter ständiger Beobachtung der Geheimen Staatspolizei stand und bereitete mich innerlich auf eine Verhaftung vor. – Selbst in den Weihnachtsferien 1942 war es meiner Mutter und meinen Geschwistern aufgefallen, daß ich so still und ernst geworden war, und wenn ich heute die damaligen Eintragungen in meinem Tagebuch lese, so ist es psychologisch wertvoll zu beobachten, wie ich das Schwere, das kommen würde vorausahnte. Ich nahm es nicht hin, daß Nazi-Veröffentlichungen an Bäumen, die auf Kirchengrundstücken standen, angeschlagen wurde. Ich riß die Plakate, die auf Veranstaltungen der NSDAP hinwiesen oder die Treffen der Hitlerjugend bekanntgaben, vor den Augen neugieriger Zuschauer einfach von den Baumstämmen ab. Das sprach sich natürlich herum, blieb der örtlichen Parteispitze nicht verborgen, ihr schien es wohl an der Zeit gegen mich einzuschreiten.

Im Gegenzug wurden meine Schülerinnen befragt, welche Äußerungen ich im Religionsunterricht gemacht hätte. Es kamen zwei Herren von außerhalb der Schule, um diese Befragung durchzuführen, vermutlich Herren der Gestapo aus Saarbrücken. Eine Stunde lang wurden die Mädchen einzeln befragt. Zwei Aussagen warf man mir vor: einmal, ich hätte im Unterricht Euthanasie als Mord bezeichnet, der vom Staat befohlen sei, und zweitens ich hätte Zweifel am Endsieg Adolf Hitlers geäußert. Daß ich im Religionsunterricht Euthanasie mit deutlichen Worten als Mord bezeichnet habe, ist unbestritten. Die zweite Anschuldigung, die die Zweifel am Endsieg des Führers betraf, entsprach zwar damals meiner inneren Auffassung, und ich habe sie auch im privaten, kirchlichen Freundeskreis vertreten, aber im Religionsunterricht habe ich diese Äußerungen bewußt nicht gemacht, wohlwissend, wie gefährlich eine solche Aussage gewesen wäre.

Aber durch meine eineinhalbjährige Tätigkeit in der Pfarrei in Püttlingen war es keinem unbekannt geblieben, welche Einstellung ich insgesamt gegenüber dem Nationalsozialismus hatte. Von dieser Befragung über meinen Unterricht erfuhr ich von einigen Schülerinnen und deren Eltern dieser obersten Volksschulklasse. Ich ahnte nichts Gutes. Wenig später erhielt ich ein Schreiben von der zuständigen Behörde in Saarbrücken mit der Aufforderung das beigefügte Formular ausgefüllt zurückzuschicken. Meine Anstellung als Seelsorgshelferin wurde staatlich nicht als Beruf anerkannt. Infolgedessen sollte ich an die Ostfront dienstverpflichtet werden. Ich besprach die Situation mit Pastor Kronenberger, der mir eine Bescheinigung ausstellte, daß ich mindestens 48 Stunden in der Woche dienstlich beschäftigt sei, nämlich den Küster- und Organistensdienst mitversehen müßte, da der Vorgänger als Soldat an die Front geschickt war. Zudem hätte ich das Pfarrsekretariat zu führen. Mit 48 Wochenstunden war man laut Gesetz damals für die Heimat unentbehrlich und damit eine Versetzung an die Ostfront nicht möglich.

Diese Bescheinigung schickte ich an die zuständige Dienststelle. Bald danach überstürzten sich die Ereignisse!

Verhaftung und Verhör

Es ist mir in Erinnerung, als wäre es gestern gewesen, obwohl seitdem bereits mehr als 50 Jahre vergangen sind. Am 21. Juli 1943 wurde ich von der Geheimen Staatspolizei von Saarbrücken in Püttlingen um die Mittagszeit verhaftet. Ich saß in meiner Wohnung beim Mittagessen, als die Haustürglocke stürmisch und laut klingelte. Meine Vermieterin bat mich, die Türe zu öffnen. Ein junger blonder »arischer« Gestapo-Mann in Uniform brüllte mich an »Sind Sie Katharina Katzenmaier?« – »Ja«, sagte ich und er brüllte: »Sie sind verhaftet!« Ohne um Einlaß zu bitten, stürmte er in mein Zimmer. Dort riß er das Wandkreuz herunter, schloß das Buch auf meinem Schreibtisch, durchwühlte alle Bücher in meinem Büchergestell, riß sämtliche Schubladen auf, durchsuchte alles und beschlagnahmte vieles. Mein Zimmer war ihm gleich ein Ärgernis: »Ich sehe schon an Ihren Büchern Ihre staatsfeindliche Gesinnung! Hier stinkt alles nach Religion!« Dann schrie er: »Ziehen Sie sich an, draußen wartet das Auto, in das Sie sofort einsteigen müssen. Nehmen Sie 3,50 RM mit, damit Sie nach dem Verhör hierher zurückfahren können. Allerdings wird das sinnlos sein!« Er nahm den kleinen Spiegel, der auf dem Tisch stand und fügte hinzu: »Nehmen Sie ihn mit, damit Sie in der Gefängniszelle Ihr Verbrechergesicht anschauen können.« Ich nahm den Spiegel mit, später hat er in der Zeit der langen Einzelhaft meine Situation manchmal erleichtert. Obwohl es ein warmer Sommertag war, zog ich mich sehr warm an, ich wußte ja nicht, wie lang die Untersuchungshaft dauern würde, steckte meinen Rosenkranz in die Tasche, folgte bewußt langsam der auf Eile drängenden Gestapo.

»Auf zur Reise ins Kittchen!«

Mittlerweile hatten sich viele Menschen, Bergleute und Hüttenleute, die auf dem Weg zur Arbeit waren, Frauen und viele Schulkinder, vor dem Hause eingefunden. Sichtbar erschrocken, jedoch ohne Worte schauten sie zu, wie ich in Gestapo-Begleitung aus dem Haus geführt wurde.

Vielen Kindern und Erwachsenen konnte ich noch die Hände drücken mit der Bitte um ihr Gebet. Einige weinten – andere trieb die Neugier. Einer aufgeweckten Schülerin gab ich leise den Auftrag, schnell ins Pfarrhaus zu laufen und dort Bescheid zu geben. Ich mußte das Polizeiauto besteigen, grüßte noch aus dem fahrenden Auto, fuhr zum letzten Mal an dem Pfarrhaus vorbei, wo der Pastor vom geöffneten Fenster aus deutlich sichtbar mir den priesterlichen Segen gab; und dann ging es an der Kirche vorbei und gleich weiter nach Saarbrücken.

In der Pfarr-Chronik Seite CXXI vermerkte später Pastor Georg Kronenberger zu diesem Ereignis: »Der 21. Juli war ein Tag großer Aufregung. Es wurde nämlich unsere Pfarrhelferin Katharina Katzenmaier von der Geheimen Staatspolizei verhaftet und nach Saarbrücken auf die Lerchesflur gebracht und später nach dem Frauenkonzentrationslager Ravensbrück in Mecklenburg.« Soweit die Pfarr-Chronik.

Man fuhr mich vor das große Eisentor des Gefängnisses Lerchesflur. Erst im Hof durfte ich aus dem Auto aussteigen, und mußte dem Gestapo-Mann zur Aufnahmestube folgen. Dort wurden mir alle Sachen weggenommen, meine Personalien waren bereits registriert.

Dann wurde ich von der Geheimen Staatspolizei zum ersten Mal verhört. Es erschien der gefürchtete Gestapo-Chef Herr Söller mit seiner Stenotypistin und wollte die Verhandlung beginnen. Ich fragte zuerst nach einem Zeugen seinerseits und Hinzuziehung eines Rechtsanwalts meinerseits. Eine Verhandlung unter vier Augen sei in diesem Falle unmöglich. »Vergessen Sie nicht, daß Sie hier vor einem Vertreter der staatlichen Obrigkeit stehen, vor der Sie sich schuldig gemacht haben.« Meine Antwort: »Ich weiß wohl zu unterscheiden zwischen staatlicher Obrigkeit, die auch das Recht hütet und vertritt, und Ihnen, einem Gestapo-Menschen! Wie wollen Sie mit mir verhandeln?« »Ich verlange von Ihnen, daß Sie jetzt Ihren Lebenslauf diktieren!« So begann ich nun folgendermaßen: »Ich, Katharina Katzenmaier, Tochter des verstorbenen Bernhard Philipp Katzenmaier und dessen Ehefrau Katharina geborene Fetsch, bin geboren am 24. April 1918 in Heppenheim an der Bergstraße und daselbst in der Kirche St. Petrus römisch-katholisch getauft. Von Ostern 1924 bis Ostern 1925 besuchte ich die Volksschule in Heppenheim; von Ostern 1925 bis Ostern 1937 die Studienanstalt der Englischen Fräulein in Bensheim an der Bergstraße.«

Er unterbrach: »Daraus geht ja klar hervor, wie sehr Sie ein Produkt Ihrer Erziehung geworden sind. – Weiter!« »Nach dem Abitur sollte ich zum Reichsarbeitsdienst, kam aber statt dessen in die Schule für soziale Hilfe nach Altdorf bei Nürnberg.«

Unterbrechung: »Sie kennen also die Stadt der Parteitage?«
Antwort: »Ja.«
Frage: »Waren Sie bei den Parteitagen?«
Antwort: »Ja.«
Frage: »Wo?«
Antwort: »In der Kongreßhalle anläßlich der Goebbelsrede.«
Frage: »Sie sind also informiert über nationalsozialistische Ideen?«
Antwort: »Ja.«
Frage: »Dann kennen Sie auch das Ziel der nationalsozialistischen Erziehung?«
Antwort: »Ja.«
Frage: » Sie sind also gegen die nationalsozialistische Erziehung?«
Antwort: »Ja.«
Schreiend: »So, da haben wir es ja! Sie sind ein Staatsfeind und kennen nicht die Tragweite Ihres Tuns!«

Gegenfrage: »Wieso können Sie mich einen Staatsfeind nennen. Ist denn das Wohl des Staates im nationalsozialistischen Erziehungsstil garantiert?«

Keine Antwort, es ging weiter mit dem Lebenslauf.

»Was haben Sie anschließend studiert? Warum sind Sie nicht dienstverpflichtet?« Meine Anstellung bei der Kirche wurde mir als Beweis meiner staatsfeindlichen Gesinnung ausgelegt.

bereit
zum
Widerstand

Tu/87

Wörtlich: »Nun sollen Sie auch wissen, warum wir Sie verhaften: nicht, weil Sie den Sieg in Zweifel gestellt haben, sondern Sie sind verhaftet *für das, was Sie sind!«*[2]

Danach wurde ich wieder abgeführt. Zwischen zwei Uniformierten mit aufgepflanzten Gewehren ging es die stählerne Treppe hinunter, dann in die Einzelzelle, und die Tür schlug ins Schloß. Zirka nach ein bis zwei Stunden holte die Gefängniswärterin mich wieder heraus, ging mit mir viele Treppen abwärts in ein dunkles, feuchtes, kaltes Verließ, in den sogenannten Bunker des Gefängnisses. Dort verbrachte ich ungefähr drei Tage nur bei Wasser und Brot. Aber, weil ich da unten leise ferne Stimmen hörte, begann ich, das lateinische Credo nach dem gregorianischen Choral zu singen, und bald stimmten auch Gefangene in Nachbarzellen leise mit ein. Mit lautem Schreien und Klopfen an meine Zellentür rief der Gefangenenaufseher: »Halts Maul...«.

Nach ungefähr drei Tagen holten mich zwei bewaffnete Männer zum Kreuzverhör. Ich saß jetzt auf einem Drehstuhl, wurde mit grellen Lampen geblendet und von allen Seiten fotografiert. Dann begann das Verhör, das von drei Gestapo-Beamten durchgeführt wurde unter der Leitung von Gestapo-Chef Söller. Er fing an, folgendes Protokoll ins Diktat zu geben: »Wenn die Kinder mir vorwerfen, ich soll gesagt haben ›an den Sieg glaubt kein Mensch mehr‹, so habe ich dazu zu sagen:«

(Frage an mich)

Meine Antwort: »Bitte lesen Sie noch einmal.« (geschieht)

Meine Entgegnung: »Es ist öffentlich bekannt, daß Aussagen von Kindern vor Gericht nicht gelten.«

Anschrei: »Was, das ist die alte jesuitische Ausrede. Und wenn Aussagen von Kindern nicht rechtsgültig sind, so sind sie aber uns um so wertvoller, weil wir die Aussagen von Kindern brauchen.«

Mein Einwand: »Sie geben ins Protokoll: wenn die Kinder mir vorwerfen, was *Sie* mir zum Vorwurf machen wollen?«

Wutschnaubend: »Ich brauche nicht Ihre Einwände, Sie haben auf meine Fragen zu antworten!«

»Dann bitte, fragen Sie mich.«

Er wiederholt: »Wenn die Kinder mir vorwerfen, ich soll gesagt haben ›an den Sieg glaubt kein Mensch mehr‹,« so ist meine Antwort: »Davon ist mir nichts bekannt.«

Zweite Frage: »Wenn die Kinder mir vorwerfen, ich solle gesagt haben 'die Zeitungen lügen wie gedruckt', dann ist meine Antwort: »Es ist möglich, daß ich das wie der öffentliche Volksmund auch als Sprichwort gesagt habe.«

Frage: »Haben Sie, wenn Sie das gesagt haben, bestimmte Zeitungen damit gemeint?«

Antwort: »Damals vielleicht.«

Frage: »Glauben Sie jetzt von mir, daß unsere Zeitungen, wenn Sie vom Sieg schreiben, lügen?«

Antwort: »Man kann ja nicht vorauswissen, wie der Krieg ausgeht.«

Frage: »Also, Sie zweifeln am Sieg für Deutschland?«

Antwort: »Ich persönlich, ja.«

Frage: »Es ist Ihnen also auch bekannt, daß der Krieg in erster Linie ein weltanschaulicher ist?«

Antwort: »Ja.«

Frage: »Sie meinen also, wir müßten an der katholischen Kirche zerschellen?«

Antwort: »Ja.«

Rede: »Aber wir werden Ihnen zeigen, daß die kath. Kirche vor uns untergeht, und wir werden siegen – ein Reich, ein Volk, ein Führer. – Und wenn Sie nicht an den Sieg glauben, dann werden wir es Ihnen beibringen. Wir werden Ihnen beweisen, wer siegen wird, die Kirche oder Adolf Hitler. Sie werden sich beugen müssen vor unserem Führer, dem der Sieg über die ganze Welt gehören wird; eine ganze Welt muß sich vor ihm beugen, und wer sich weigert, wird erschossen. Wir werden Ihnen den Glauben an unseren Sieg beibringen und Sie

KK 88

von Ihrem fanatischen Glauben an eine katholische Konfession abbringen.«

Meine Antwort: »Was Ihnen Spott ist und Haß, wird mir wirklicher Ernst sein.« Auf diese Weise verlief die Verhandlung etwa drei Stunden lang.

Man wollte erreichen, daß ich den kirchlichen Beruf aufgab und mich als Deutsche zu Hitler und zur Partei des Nationalsozialismus bekannte.

Als dies nicht gelang, versuchten die Männer, mich mit obszönen Redensarten abzulenken, um mit dieser Methode meine Standfestigkeit zu erschüttern. (Später sollte ich im KZ ein ähnliches Vorgehen der SS erleben.) Das Protokoll des Verhörs wurde mir vorgelegt zur Unterschrift. »Sie brauchen es nicht erst zu lesen.« Aber ich fing trotzdem an, den Text kritisch zu lesen, entdeckte falsche Äußerungen, nahm das ungefähr 26-Seiten lange Schreiben, zerriß es von oben bis unten. -

Die Gestapo meinte daraufhin: »Wir werden Sie langsam aber sicher zu Tode quälen«. Meine Antwort war: »Man kann nur einmal sterben.«[3]

Meine Einzelhaft begann damit, daß ein Ventilator zeitweise nur so viel Luft in die Zelle brachte, daß man ja nicht erstickte. Das Drahtgestell des Bettes wurde erst abends heruntergelassen und füllte damit den ganzen Raum der winzigen Zelle aus. Ich litt unter Atemnot, mangelnder Hygiene, Ungeziefer, Feuchtigkeit und Kälte. Als Politisch-Gefangene eingestuft, hatte ich keine Beschäftigung und durfte auch keine Bücher haben.

Die fürchterlich dicke Gefängnisaufseherin, eine männlich-brutale Frau, die mich besonders mit ihrem Stock schikanierte, erschien eines Tages nicht mehr an der Zellentür: Mitgefangene sollen sie umgebracht haben.

Noch ein weiteres Mal wurde ich von der Gestapo zum Verhör heraufgeholt. »So – nun wollen wir uns privat unterhalten« meinte Herr Söller. Meine Antwort: »Wenn Sie ein Interesse daran haben, bitte!« Es war mir klar, daß ich nichts mehr zu verlieren hatte. Erste private Frage: »Halten Sie Hitler oder Christus höher?«

Selbstverständliche Antwort: »Christus!«

»Also steht Ihnen ein Jude höher als ein Arier?«

»Christus ist ja Gott.«

»Also glauben Sie auch an dieses Märchen?«

Gegenfrage: »Sie nicht?«

»Nein.«

»Dann ist ja eine weitere Unterhaltung zwecklos.«

»Nein, nein – ich habe schon viel in der heiligen Schrift gelesen, und ich zähle sie zu der wertvollsten Literatur.«

»Inwiefern?«

»Sie ist ein sittlich hochstehendes Buch und hat gute Grundsätze für ein geordnetes Gemeinschaftsleben der Menschen.«

Meine Antwort: »Würden nur alle sich danach richten, was da drin steht, dann stände ich heute bestimmt nicht hier.«

»Ach, es gibt auch andere gute Bücher, aber die Bibel ist wohl nach Ihrem Glauben vom heiligen Geist inspiriert?«

»Ja.«

»Das ist ja Menschenmache.«

»Dann ist sie aber doch erstaunlich in ihrem wahren und präzisen Inhalt.«

»Ach, Quatsch, was interessiert mich die Bibel. man sieht also wieder, wie Sie mit dem Judenpack unter einer Decke stecken und auch, daß Sie das Alte Testament den Kindern sicher beigebracht haben, und was Sie sonst als ›mündliche Überlieferung‹ den Kindern beibringen, ist ja auch nichts anderes, als daß Sie die Kinder mit jüdischem Geist vergiften. Selbst gegen die Staatsgesetze wiegeln Sie die Kinder auf, allein schon mit Ihrem Widerstand gegen das Gesetz über das ›lebensunwerte Leben‹. Wissen Sie überhaupt, daß Sie auch lebensunwert sind?«

Meine Antwort: »Ja, nach Ihrer Meinung. – Denn gestern waren es nur die Geisteskranken, dann waren es

.. in der Gefängniszelle
zu wenig Luft zum Atmen,
das Fenster
viel zu hoch:

„Bin ich denn ein
Hund und kein
Mensch mehr?"

auch alle Juden, und jetzt sind es die Christen und dann werden die Kinder erzogen zu gegenseitigen Mördern und dann muß der eine den anderen fürchten, wie es jetzt schon unter Ihnen ist.«

Seine Wut stieg ins Unermeßliche: »Ach, wir werden Ihnen schon unsere Gewalt zeigen.«

»Aber Gott läßt solche Bäume nicht in den Himmel wachsen.«

»Meinen Sie damit, daß wir unterliegen?«

»Wahrscheinlich.«

»Ha, eher wird der Papst und sein Anhang zu Boden geschmettert. Sie glauben wohl auch an die Unfehlbarkeit des Papstes?«

Antwort: »Ja.«

»Es gibt aber doch so viele schlechte Päpste, und wie ist das?«

Ich fing nun an, den Primat des Papstes scharf zu trennen von der menschlichen Person des Papstes.

»Und die Kirche will die Weltmacht erringen.«

Antwort: »Nein. die Kirche will kein irdisches Reich, Christus sagt selbst zu Pilatus: ›Mein Reich ist nicht von dieser Welt.‹«

»Also glauben Sie, daß nach dem Tod nicht alles aus ist?«

»Ich glaube an ein Ewiges Leben. Und wie wäre es, wenn das auch für Sie wahr würde?«

Antwort: »Daran glaube ich nie. Für mich ist nach dem Tod alles aus.«

»Das entbindet Sie dann sehr einfach aller Verantwortung für Ihr Tun, wenn Sie so viele Menschen ungerecht verhaften. Und wenn es dann doch eine Ewigkeit gibt, was dann? – Und wenn Sie heute abend schon zu denen gehören, die als lebensunwert nach dem Gesetz zählen, was dann? Angenommen, Sie fallen heute abend nach Ihrem Dienst von der obersten Stufe des Treppenhauses so auf den Hinterkopf, daß Sie Zeit Ihres Lebens gestört sind –, was macht dann Ihre Frau mit Ihnen? Ist es nicht ein Zeichen ihrer Liebe, wenn sie das kleine Lebensfünklein in Ihnen pflegt oder tut sie recht, wenn sie sagt: Weg mit ihm! – Ja, wenn nach dem Tod alles aus wäre, dann wäre erst recht das Leben nicht mehr lebenswert, dann stände ich jetzt nicht vor Ihnen und ließe mich so behandeln. Aber weil ich auf das Jenseits hoffe, scheue ich nicht das Schwere, das mir bevorsteht.«

Er zündete eine Zigarette an, zog die Jacke aus, rannte im Zimmer auf und ab und schob vor Wut seinen Schreibtisch hin und her. Dann schwenkte er über zu einem anderen Thema. Er berichtete, daß man mich mit zwei Geistlichen in Trier seitens der Gestapo beobachtet hätte, wie wir zu Dritt in einem Lokal in der Nähe der Porta Nigra an einem Tisch gesessen hätten. Er ver-

Das Gefängnis-Innere in Saarbrücken

sprach mir die Freilassung, wenn ich über die mir bekannten Geistlichen Aussagen machen würde. Da ich dies verweigerte, fragte er zum Schluß, ob ich vorhätte, weiterhin katholisch zu bleiben. Als ich mit »ja« antwortete, war ich entlassen.

Frage: »Sie werden wohl für mich beten, was?«

»Ja.«

»Das verbiete ich Ihnen strengstens.«

Ich sagte: »Und wenn nach dem Tod nicht alles aus ist, dann soll Ihnen der Herrgott gnädig sein. Im übrigen weiß ich, daß mein Leben bei Ihnen völlig verspielt ist, aber Sie sollen nachher nicht sagen können, ich habe das nicht gewußt.«[4] Danach wurde ich abgeführt.

Drei Monate lang war ich im Gefängnis in Saarbrükken in Einzelhaft. Der dortigen Hauptwachtmeisterin bin ich zu Dank verpflichtet, Sie gestattete, daß an Sonntagen wenigsten Bücher in die Einzelzellen ausgegeben werden durften. Vom Gefängnispfarrer Philipp Schlichter erhielt ich ein Exemplar der Heiligen Schrift, die mir in dieser schweren Zeit der Einzelhaft viel Trost gab. Acht Tage lang durfte ich täglich das Treppenheus putzen. Bei der Arbeit sang ich, erzählte Witze und lachte selber darüber so laut, so daß in den benachbarten Zellen mitgelacht wurde. Daraufhin sperrte die Beamtin mich wieder ein. Ich wußte aber nun, daß die Nachbarzellen auch belegt waren.

In meiner Zelle wurde es mir nie langweilig, wenn auch ein gefangener Mensch lebendig begraben zu sein scheint; kein Vogel, keine Blumen, kein Mensch – nichts, nur die eigenen Gedanken, die so furchtbare Wirklichkeit werden, daß man glaubt, der Kopf müßte zerspringen. Trost gibt allein das Gebet, und Kraft wird einem zuteil durch die innere Bereitschaft, sühnen zu dürfen für die furchtbare Menschheitsverwirrung.

In dieser Zeit erfuhr ich durch den Gefängnispfarrer Philipp Schlichter, der mich besuchte, wer mich angezeigt hatte. Herr Philipp Schlichter konnte ein Schreiben einsehen, das von dem berüchtigten Chef der Sicherheitspolizei und Chef des SS-Reichshauptamts Kaltenbrunner in Berlin stammte, in dem stand: »Wegen defaitistischer Äußerungen« hat sie weite Kreise des Volkes im Sinne der Staatsfeindschaft beeinflußt. Dieses teilte mir der Gefängnispfarrer mit und zeigte mir das Schreiben aus Berlin. Nach dem Besuch meiner lieben Mutter, die bei meinem Anblick die Sprache verlor und die mitgebrachten Lebensmittel nicht überreichen durfte, war ich in größerer Verzweiflung und Sorge als je zuvor.

Von einer Nacht im Gefängnis möchte ich berichten: Ich weiß nicht, wieviel Uhr es war. Wie so oft seit einem Vierteljahr, saß ich in Einzelhaft im Gefängnis, konnte wieder nicht schlafen. Es war so laut, wenn neue Gefangene nachts ins Gefängnis gebracht wurden. Dauernd wurden Metalltüren zugeschlagen. Aufseher und Aufseherinnen schrien herum, wiederholten die gleichen Kommandos: »Hierher, ausziehen los, los, hier hinein!« Mit lautem Knall flog wieder eine Zellentür ins

Schloß, die Riegel wurden vorgeschoben. Durch den »Spion«, das ist ein kleines Guckfenster in der Tür, sah ein Auge von außen in meine Zelle. Auf der anderen Seite, hoch an der glatten Wand, war ein kleines vergittertes Fenster. Dorthin konnte man nicht hochsteigen, um eventuell draußen einen Baum zu sehen. Aber der Himmel schaute immer herein, heute nacht war er sternenklar, und ich sah zwei Sterne: wie tröstlich!

»Auf! Raus mit Dir!« Der uniformierte Wärter hatte rasch meine Zellentür aufgerissen, stand mit gespreizten, gestiefelten Beinen vor mir und schrie erneut: »Raus, raus!!« Ich ahnte Schlimmes, war müde und hungrig und hatte große Angst!

Fahrt ins Konzentrationslager

Mit der grünen Minna fuhren vier Wachposten mit mir aus dem Gefängnis hinunter zum Saarbrücker Bahnhof. Diesmal stieg ich nicht wie früher in den Zug von Saarbrücken in Richtung Mannheim. Auch durfte ich mir nicht den Waggon wählen. In dieser Nacht brachten mich die vier Männer in den letzten Waggon eines Zuges, schoben mich rasch ins Abteil, wo ein ganz enger Raum ohne Fenster und wenig Luftzufuhr zu einer längeren »Reise« für mich und einige Französinnen bestimmt war. Ja, es ging wirklich über Frankfurt – dann weiter bis Halle; wieviele Stunden diese Fahrt gedauert hat, weiß ich nicht, denn in dieser kleinen »Zelle« war es dunkel. Auch sagte man uns immer noch nicht, wohin die Reise ging. In Halle wurden wir ausgeladen und mit der grünen Minna in das dortige Gefängnis gebracht. Zusammen mit etwa 150 Frauen verbrachten wir dort zwei Tage und zwei Nächte auf engstem Raum mit ganz wenig Licht und geringer Luftzufuhr. Wir glaubten zu ersticken, haben nicht viel gesprochen, um den Luftverbrauch zu verringern, standen dichtgedrängt, es mußte sich zeitweise die eine auf die Schulter der anderen setzen, damit es den übrigen möglich war, sich ein wenig auf dem Zementboden niederzulassen, und erst am dritten Tag gab man uns ein wenig Wasser und Brot, damit wir nicht vor Hunger und Durst sterben mußten. In den nächsten fünf Tagen waren meine Gedanken nur »Leiden oder Sterben« gemäß dem Motto der großen heiligen Theresia, deren Fest in diesen Tagen war.

Von der Gemeinschaftszelle kam ich in eine sehr kleine Zelle aber zusammen mit vier ziemlich primitiven Frauen. Zum ersten Mal in meinem Leben lernte ich die Gedanken und das gemeine Verhalten solcher Menschen kennen. Und weil ich nicht mitbrüllte und Freude fand an ihrem Treiben, spuckten sie mir ins Gesicht, schlugen nach mir, verspotteten und beschimpften mich. Es war einfach grauenhaft! Trotzdem versuchte ich, höflich zu ihnen zu sein, aber das reizte sie noch mehr.

Noch hatte ich meinen Rosenkranz, den ich bei meiner Verhaftung eingesteckt hatte, und betete ohne Unterlaß. Mit dem Gesicht zur Wand bat ich unaufhörlich Gott unter Tränen, mich aus einer solchen Teufelsqual zu befreien.

Von Halle ging der schreckliche Transport weiter nach Leipzig. Während der Fahrt versuchte ein SS-Mann, mit mir – trotz Verbot – ins Gespräch zu kommen. Ich war ihm wohl durch mein stilles, ruhiges Verhalten aufgefallen. Er fragte nach meiner Tätigkeit, nach meiner Familie. Er riet mir, heimlich auf der Toilette einige Zeilen nach Hause zu schreiben, die er für mich aufgeben wollte. Erst war ich mißtrauisch und wagte nicht, solches zu tun. Er gab mir dann aber Umschlag, Briefpapier und Füller, und ich schrieb auf der Weiterreise meiner Schwester Elisabeth nach Magdeburg, daß ich mich auf dem Transport ins Konzentrationslager nach Ravensbrück befände, sie solle es vorsichtig Mutter mitteilen. Den Brief möge sie gleich vernichten. Ich habe eine Bestätigung erhalten, daß die Nachricht angekommen ist dadurch, daß ich nach vier Wochen im Konzentrationslager ein kleines Päckchen von meiner Mutter zum Erstaunen der Zensur erhielt. Die Lagerleitung konnte nicht verstehen, daß schon Post einlief, wo doch noch keiner von unserem Transport Nachricht nach Hause geben durfte. Es kam ein Vermerk in die Kartothek und alles, was mir danach zugeschickt wurde, wurde gründlich untersucht nach Geheimbriefen; ich erhielt sowieso nur einen geringen Teil der mir zugeschickten Sachen, war aber mit dem Kleinsten zufrieden, weil man auf Dauer nur mit der Lagerkost kaum leben konnte.

In Leipzig wurden wir für verschiedene Lager sortiert und in größeren Baracken gesammelt. Für Ravensbrück wurden 800 Frauen, Ausländerinnen, Jüdinnen und einige Deutsche zusammengepfercht. Andere Transporte gingen nach Auschwitz, Stutthof bei Riga, Mauthausen, Buchenwald und Dachau. Auf dem kalten Boden mußten wir ohne Decken schlafen. Am 20. Oktober 1943 erfolgte der Großangriff auf die Stadt Leipzig. Bomben fielen wie Regen vom Himmel. Die Holzbaracken schwankten hin und her. Als es anfing zu brennen, rannten die Gefangenen die Türen ein. Ich übernahm in unserer Baracke, die nicht brannte, das Kommando, und befahl Ruhe, bat mehrere Polinnen, die den Rosenkranz beteten, laut vorzubeten, und mitten in Brand und Tod brach bei uns keine Panik aus, sondern betend und still verblieben wir an unserem Platz. Während andere Baracken brennend auseinanderbarsten, rannten viele Häftlinge in alle Himmelsrichtungen davon, so weit sie konnten. Nach dem Angriff versuchte die SS, den einen oder anderen Flüchtigen wieder einzufangen, was auch gelang. Sie wurden mit Gewehrkolben geschlagen und zusammengetrieben. Einige jedoch waren entkommen.

Nach dem Großangriff auf Leipzig – es war die Nacht vom 20./21. Oktober 1943 – fuhr der so traurige Sammeltransport aus dem größtenteils verbrannten Hauptbahnhof in Richtung Berlin. An Reiseproviant war nicht zu denken: wir hatten kein Wasser, kein Brot,und auf dem Stroh stank es nach den menschlichen »natürlichen Bedürfnissen« so, daß jegliches Ungeziefer sich unter uns wohlfühlen konnte.

IM KONZENTRATIONSLAGER RAVENSBRÜCK

Ankunft im Lager

Ich gehörte zu den ca. achthundert Frauen, die in der Nacht vom 21./22. Oktober 1943 vor das große Tor vom Konzentrationslager Ravensbrück getrieben wurden: »Marsch, marsch! Lauf oder stirb! Versteht Ihr denn nicht? Arbeit macht frei!« So brüllte unentwegt jeder Lautsprecher auf jeder Baracke zum Empfang. Ich kam in die Gruppe der Politisch-Gefangenen. Gleich hinter dem Tor rechts befand sich die größte Zugangsbaracke. Dort wurden wir hintereinander von zwei SS-Männern hineingeknüppelt. Drinnen erwarteten uns Helferinnen der SS in Uniformen, die nichts anderes konnten, als immer nur zu schreien: »Ausziehen, alles ausziehen! Runter mit den Kleidern, raus aus den Schuhen, weg mit den Strümpfen!«

Schweigend, vor Angst bebend, folgten wir alle den Anordnungen, erst zögernd, dann bis zur gänzlichen Nacktheit. Diesmal standen die Bibelforscherinnen, die zu den ersten Inhaftierten bei den Nazis gehört hatten, bereit, nun unter SS-Aufsicht, den Neuankömmlingen alle Haare vom Kopf zu schneiden. Damals hätte ich allzu gern einmal in den Spiegel geschaut, wie mir wohl die Glatze stände. Viele Frauen aber weinten herzzerreißend, weil sie ihren vorher schönen Haarschmuck verloren hatten. Wenige andere lachten gemein und frech. Mir machte diese Tortur nicht so viel aus, hatte

ich doch schon durch die drei Monate Einzelhaft im Gefängnis Saarbrücken viele Läuse im Haar. Ich konnte mich dort nie kämmen, und mit der täglichen knappen Waschwassermenge konnte ich kaum Gesicht und Hände reinigen.

Man sah teilweise so erschreckende, ausgemergelte Gestalten, daß man glaubte, die Toten seien aus ihren Gräbern gekrochen: Abgemagerte und Kranke, Junge und Alte, Kinder, junge Frauen, Mütter, Greisinnen, Französinnen, Polinnen und Holländerinnen, ja, von überall her waren sie zusammengetrieben worden. Der SS-Arzt, ein gefürchteter Mediziner, sortierte anschließend mit einem Stock die armen Frauen nach ihrer Brauchbarkeit für Arbeitseinsätze. Alte, Arbeitsunfähige und Kranke schickte man gleich weiter auf »Transport in den Himmel«, wie man sagte, also in die Gaskammer. Ich stand bei den gesunden, arbeitsfähigen Geschöpfen, die nun weitergetrieben wurden.

»Los, weiter ins nächste Vergnügen!«, schrie eine harte, geile Weiberstimme. Ich wurde mit anderen in den nächsten Raum gestoßen. Dort wurden die Haare in den Achseln der Arme und auch im Genitalbereich brutal rasiert. Dabei schnitt mir, die von der SS bestimmte Mitgefangene, mit dem großen Rasiermesser eine bis zwölf cm lange Wunde in die unteren Weichteile. Blutend, gedemütigt landete ich nackt, frierend in der zweiten großen Halle des Zugangsblocks zur Massenreinigung. Viele nackte Frauen und Kinder standen bereits dichtgedrängt und zitterten vor Angst vor dem, was nun über uns alle hereinbrechen würde. An der Decke der Baracke liefen parallel lange dicke Rohre,

und dazwischen sah man runde Düsen. »Ob wir alle hier vergast würden?« – Wir waren einige hundert Frauen, als aus den Düsen erst einmal heißes Wasser über unsere Körper herunterbrauste. Alle schrien: die Häftlinge vor Schmerzen, als sich auf der Haut ihres Körpers Brandblasen bildeten, die »SS-Weiber« aus Wut und Bestialität gegenüber den armen Frauen: »Mistviecher, Judenschweine, Drecksweiber, halts Maul, Ruhe hier!« Es fielen noch mehr dieser primitiven Ausdrücke.

Man trieb uns aus dem Zugangsblock, noch immer nackt, hinaus ins Freie. Es war sehr kalt, denn im Oktober wird es in den nordischen Urstromtälern aus Nacht und Nebel und Kälte nur langsam Tag. Ich sah mich an: ich war von Kopf bis Fuß ganz rot entzündet. Überall auf der Haut waren Brandblasen, die von dem kochend heißen Wasser herrührten, und nicht nur ich bekam Schüttelfrost und Fieber. Erst, als die Sonne wie eine fahle runde Scheibe hie und da durch die Nebelschwaden hindurchdrang, wurden wir, alle neuen Zugänge – wie eine Schweineherde – weitergetrieben, diesmal zu den Effekten (Kleiderlager).

Hochaufgetürmt lagen viele KZ-Kleider, die bekanntlich grau-blau-gestreiften Kutten, zur Selbstbedienung für uns bereit, ob sie der Größe und Weite nach paßten oder nicht. Alle mußten diese über den Kopf stülpen, wobei die SS-Helferinnen nichts anderes wußten als dreckig zu lachen. Mich nannten sie »Schmuckstück«.

So ein Schmuckstück! Angeblich hat die Glatze mir gut gestanden. Das Häftlingskleid war viel zu weit und viel zu lang. Unterwäsche gab es kaum, und der Stoff der Kleider war stechend-rauher Faserstoff. Ich trug dieses Kleid fast zwei Jahre lang direkt auf der schon kranken Haut, Tag und Nacht, naß und trocken, immer schmutziger, die Nähte voller Kleiderläuse. Ich war bereits vor der Verhaftung manche Askese gewöhnt, es war ja Krieg, es gab Fliegeralarm, aber hier lauerte überall der Tod mit Schrecken.

Bevor es endlich wieder Nacht wurde, sagte man dem Häftlingshaufen: »Zu den Holzpantinen!« Wir fielen darüber her, schnappten zwei oft ungleiche rauhe Lagerschuhe, mit denen man nur langsam vorwärtskam. Hautabschürfungen und Verletzungen bereiteten uns viele Schmerzen an den nackten Füßen.

Mitten in der Nacht führte man uns unter Bewachung der SS zu einer Holzbaracke. Es war Block 13, eine Baracke, eng angefüllt von unten bis oben mit schmalen Holzpritschen. Überall dicht zusammengedrängt lagen kranke und gesunde Menschen, böse und gute Bemerkungen empfingen uns; wir wurden dazugestopft, lagen zu zweit, dritt oder viert auf einer schmalen Holzpritsche.

Nach allen Strapazen folgte ein todesähnlicher Schlaf, und als nach ungefähr einer Stunde die Sirene zum Aufstehen heulte, war es erst 4 Uhr. Mein ganzer Körper schmerzte vor Juckreiz, hatte ich Masern? »Och«, sagte ein Mithäftling, »das sind nur Flohstiche, geht wieder vorbei!« Ich mußte mich vor Ekel schütteln. Am Morgen brachte man einen Teil von uns, etwa 300 politische Gefangene in den Block 11, genannt »Zugangsblock«.

Zu den neuen Zugängen zu gehören, ist wohl zunächst das Schwerste im Lager. Noch ist man gefangen von der Einzelhaft, man scheut die Menschen, man fürchtet den kommenden Tag und am Tag die kommende Nacht. Dort waren zudem bereits so viele Häftlinge, daß sie uns Ankömmlinge wegen Platzmangel nicht freundlich aufnahmen.

Langsam wurde man bekannt mit der Organisation innerhalb des Blocks, mit der Blockältesten, der Stubenältesten und deren Befugnissen, sowie mit dem Zimmerdienst und all den anderen, die ebenfalls ein Pöstchen hatten. Es war ein durchorganisiertes System von oben nach unten, auf wichtigen Posten oft Häftlinge mit einem grünen Winkel, also Kriminelle, die ihre Macht häufig auf gemeine Weise ausspielten. Mehrere

Wochen sollten wir im Zugangsblock bleiben, um uns einzugewöhnen.

Wir bekamen dann einen weißen Stoffstreifen mit der Lagernummer und ein rotes Stoffdreieck. Ich erhielt ein dunkelrotes Dreieck, das heißt politischer Häftling, mit dem aufgedruckten »D«, d.h. deutsch. Diese beiden Kennzeichen mußten auf den linken Ärmel am Oberarmteil aufgenäht werden. Nadel und Faden waren klobig und schwierig zu handhaben. Ich bekam die Häftlingsnummer: 24295, mein Name war damit ausgelöscht, ab jetzt war ich nur noch eine Nummer und wurde in der ganzen Zeit im Lager nie mehr bei meinem Namen gerufen.

Die verschiedenen Farben der Winkel dienten der Kennzeichnung der unterschiedlichen Häftlingsgruppen:

rot:	politische Gefangene
gelb:	Juden
blau:	Staatenlose (z.B. Zigeunerinnen)
violett:	Bibelforscherinnen
grün:	Kriminelle
schwarz:	Asoziale
gelb-schwarz:	Rassenschande

Gefangene aus den europäischen Ländern erhielten zum roten Winkel den Anfangsbuchstaben des betreffenden Landes, z.B. »P« für Polen, »F« für Frankreich usw.

Da saßen nun im Zugangsblock alte und kranke Frauen herum; größer als Hunger und Kälte und körperliches Elend war ihr seelisches Leid, das aus ihren Augen brannte. Das Kreischen und Schreien der Blockältesten hörten wir den ganzen Tag hindurch: »Ihr Schweinebande, Mistviecher, Kanaillen, Idioten, Judenpack, Gesindel« u.ä. Alle auf engstem Raum zusammengedrängt, verbrachten wir Tag um Tag in gänzlicher Trostlosigkeit. Man schaute sich müde, fiel in Agonie, wurde wieder wachgestoßen, – was war das alles, – ich fühlte mich in einem somnambulen Zustand, – war das Wirklichkeit?

»Mein Gott, mein Gott, warum hast du mich verlassen? Höre mich an und hilf uns!« So wechselten leise Stoßgebete mit Zweifeln an seiner Existenz, – fast meinte man, es müßte ein Wunder geschehen, – man weinte vor Elend, keine Sekunde kamen die Nerven zur Ruhe. Ein fürchterliches Heimweh packte einen, ach, wäre doch endlich alles vorbei, käme doch der gute Tod! Nur einmal stirbt, Gott sei Dank, der Mensch. Psalmen aus dem Alten Testament kamen einem zu Hilfe: »Und wenn der Bauch am Boden klebt, so hebt uns Gott wieder aus dem Staube,« betete ich, und ein innerer Friede breitete sich dann langsam wieder in meiner Seele aus. So vermochte auch das furchtbare Leid Gottes Nähe spürbar zu machen.

Eisenpfosten mit engmaschigem Stacheldraht neben einer siebenmeterhohen Mauer: so im KZ Ravensbrück

»Arbeit macht frei«

Genau wie in Auschwitz, so stand auch in Ravensbrück über dem Eingang des Konzentrationslagers »Arbeit macht frei«. Was bedeutet dieser Ausspruch für die Häftlinge?

Schon mit der Machtübernahme Hitlers und dem Reichstagsbrand im Frühjahr 1933 gingen die ersten großen Verhaftungswellen über Deutschland, die zahlreiche politische Gegner Hitlers in Gefängnisse oder in sogenannte »wilde« Konzentrationslager brachten. Bereits im März 1934 bestanden 7 reguläre Konzentrationslager in Deutschland unter der Leitung der Geheimen Staatspolizei, deren bedeutendste Dachau und Oranienburg waren.

Bis zum Ausbruch des Krieges bestand die Hauptaufgabe der Konzentrationslager, die inzwischen der SS unterstellt worden waren, darin, politische Gegner und dem Hitler-Regime unliebsame Personen aller Orten auszuschalten und unschädlich zu machen. Von der Außenwelt hermetisch abgesperrt, ohne richterlichen Schutz wurden sie allen möglichen Methoden der Unterdrückung, wurden sie Folterungen, unzulänglicher Ernährung und sadistischen Schikanen ausgesetzt. Zweck war es, abzuschrecken, ihre Moral und ihren Widerstand zu brechen, um so jegliche Gegnerschaft gegen das Hitler-Regime unmöglich zu machen. Letztes Ziel blieb die physische Vernichtung des Häftlings.

Aber an der Solidarität und Hilfsbereitschaft vieler Gefangener untereinander scheiterten zum Teil diese

Versuche. Etwa seit Beginn des Krieges begannen die Nationalsozialisten, kriminelle und asoziale Gruppen in die Lager einzuschleusen, und damit zogen Verleumdung, Bespitzelung und Korruption ein. Jegliche Versuche, Kontakte untereinander zu pflegen oder gar Widerstand zu organisieren, wurden damit immer schwieriger.

Bis etwa 1942 hatte die totale Zermürbung und Vernichtung der Häftlinge den Vorrang vor wirtschaftlichen Zielsetzungen. Das traf auch auf das Konzentrationslager Ravensbrück zu. Neben der Erhaltung und Erweiterung des Lagers und der dort anfallenden Moorarbeit wurde zusätzlich ein bewußt sinnloses und äußerst anstrengendes Arbeitspensum, wie z.B. Sand, Schnee von einem Ort zum anderen zu schaufeln oder Felsbrocken hin und her zu schleppen, den Häftlingen abverlangt, um sie körperlich und seelisch zugrundezurichten.

Ab 1942 entstand eine neue Form der Ausbeutung und Ausrottung, »die Vernichtung durch Arbeit«. Im Verlauf des Krieges, besonders nach den militärischen Niederlagen der deutschen Truppen, wuchs der Bedarf an Arbeitskräften in den Rüstungsbetrieben derart, daß er nicht mehr durch reguläre Arbeiter gedeckt werden konnte, da alle verfügbaren deutschen Männer als Soldaten an die Front geschickt wurden. Daher entschloß man sich, das Arbeitspotential der Kriegsgefangenen und der KZ-Häftlinge für die Rüstungsindustrie zunehmend nutzbar zu machen. Aus diesem Grunde wurden Zweigwerke von Rüstungsbetrieben in unmittelbarer Nähe von KZ-Lagern gebaut, um den Arbeitsplatzbedarf preiswert und ohne Transportprobleme mit Häftlingen decken zu können.

So hatte die Firma Siemens u.a. einen Zweigbetrieb bei Ravensbrück errichten lassen, in dem Relais für Waffenteile, Spezialauslöser und elektronische Einrichtungen für Unterseeboote, Feldtelefone und Zeitzünder für Bomben hergestellt wurden.[5] Bei den KZ-Insassen waren diese Außenkommandos sehr gefürchtet, bedeutete doch die Tätigkeit in der Rüstungsindustrie zusätzlich Ausnutzung und Schinderei. Die Arbeit in zwei Schichten von je 12 Stunden war unerhört lang und hart, die tägliche Ausgabe einer Portion dünner Suppe, die im Stehen gegessen werden mußte, war als Ernährung völlig unzureichend.

Indem die Häftlinge zur Arbeit an die Rüstungsindustrie vermietet wurden, blieb das ursprüngliche Ziel der KZ-Haft, nämlich die physische Vernichtung des Häftlings, durchaus bestehen; es wurde nicht aufgegeben, sondern es wurde lediglich um einige Monate verschoben. Damit war eine neue Form der Ausrottung »unwerten Lebens« entstanden: die »Vernichtung durch Arbeit«.

So sehr die Häftlinge die schwere Arbeit, den Zeitdruck, die äußerst primitiven Arbeitsbedingungen und die rücksichtslose Aufsicht in der Rüstungsindustrie fürchteten, so hatten sie auf der anderen Seite Angst, für arbeitsunfähig erklärt zu werden. Wußten sie doch, daß sie nur durch Arbeit ihr Leben erhalten und damit retten konnten.

Gut dressierte Hunde
zerreißen auf Befehl
der SS-Aufseher und auch
der SS-Aufseherinnen
Menschen (Häftlinge)
im Lager Ravensbrück

Im Herbst 1944, als der Höchststand in der Rüstungsindustrie erreicht wurde, waren im Zweigwerk von Siemens & Halske in Ravensbrück rund 1500 weibliche Häftlinge beschäftigt. Konnten die Frauen das von ihnen erwartete Arbeitspensum nicht leisten, drohten ihnen empfindliche Strafen, wie Nahrungsentzug, Strafestehen, Arrest, schlimmstenfalls der Strafblock. Sie wurden nach dem Terror-Prinzip behandelt und zur Arbeit getrieben: aus Angst vor Strafen sollten sie das Letzte ihrer Kraft hergeben. Auch für die Arbeiten im Lager wurde die Arbeitskraft der Frauen und Mädchen in Ravensbrück bis zum Äußersten ausgenutzt. Das gesamte KZ-Lager war von Häftlingen erbaut worden und mußte fortwährend erweitert werden. Ebenso mußten die Bauten für die Rüstungsbetriebe von den Frauen selbst errichtet werden. Wer überleben wollte, mußte versuchen, irgendwie durchzuhalten. Eine andere Chance gab es nicht.

Unterbringung der Häftlinge

Als ich am 21. Oktober 1943 mit rund 800 Mitgefangenen in das Frauenkonzentrationslager Ravensbrück eingeliefert wurde, kam ich in ein riesiges Barackenlager, das durch eine 7 m hohe Mauer mit zusätzlichem Stacheldrahtverhau von der Außenwelt hermetisch abgeschlossen war. Wachttürme, Beleuchtung an der Mauer und elektrisch geladener Draht machten gleich deutlich, daß ein Entkommen bei Tag oder Nacht ohne jede Chance war.

Die Unterbringung erfolgte in parallel errichteten Holzbaracken, zwischen denen kleine schmale Straßen angelegt waren, Wegen ständiger und gegen Ende des Krieges noch zunehmender Überfüllung mußte das Lager immer wieder vergrößert werden, dreimal wurde die Lagermauer hinausgeschoben. Dennoch lebten auf dem Territorium vier- oder fünfmal so viele Menschen wie ursprünglich vorgesehen war. Außerdem befanden sich auf dem Lagergelände noch die Kommandantur, die SS-Betriebswerkstätten, die Siemenskonzern-Arbeitsbaracken, die SS-Wohnsiedlung, der sogenannte Zellenbau (ein Gefängnis), die Gaskammern, das Krematorium sowie – abgetrennt durch Stacheldraht – die Baracken eines kleinen Männerlagers.

So wie in jeder Wohnbaracke, befand sich auch in Block 6, – dem ich nach meiner Eingewöhnungszeit im Zugangsblock schließlich zugeteilt wurde, – neben dem Eingang rechts und links eine primitive, kleine Waschanlage und türlose Toiletten. Anschließend gab es je einen Tagesraum, der aber schon zu meiner Zeit wegen

Überfüllung als Nachtlager ohne Strohsäcke und Dekken benutzt werden mußte; dahinter befanden sich zwei Schlafräume mit dreifach übereinander gestapelten Holzpritschen. In diesen lagen Papiersäcke, gefüllt mit trockenen oder feuchten Schilfgräsern, die oft verdreckt und verfault waren. Es gab nicht einmal Decken, als ich in die Baracke kam. Ursprünglich sollte jeder Häftling auf diesen Holzpritschen Platz genug haben zum Schlafen, für 300 Menschen war jede Baracke einmal geplant gewesen, aber wegen Überfüllung mußten im Herbst 1943, als ich in das Lager kam, über 1000 Häftlinge in einer Baracke unterkommen. Zusammengedrängt fünf oder sechs auf zwei »Betten«, übermannte uns, die wir total erschöpft waren, der Schlaf auf den Schilfsäcken. Wir lagen wie eingelegte Sardinen nebeneinander, Kopf und Füße im Wechsel. – Wenn man sich in der geringen freien Zeit auf den Betten aufhalten wollte, vielleicht um seine dünne Suppe zu essen, war das wegen des geringen Abstandes nach oben hin nur mit krummem Rücken und eingezogenem Kopf möglich. Zum Sitzen standen nur wenige Klappbänke in den zwei Tagesräumen, bei tausend Häftlingen kaum erwähnenswert.

In den kalten Wintermonaten gab es zu meiner Zeit weder Öfen noch Wolldecken in den Baracken. Die Häftlinge litten erbärmlich unter der Kälte, da Strümpfe und Unterwäsche fehlten. Erfrierungen an Beinen, Händen und Gesicht waren keine Seltenheit. Wir froren oft so sehr, daß wir nicht einschlafen konnten. Es kam vor, daß ich mit meinem Sträflingskleid morgens beim Aufwachen am Papiersack angefroren war. Das Dach war zum Teil undicht, so daß es an einigen Stellen hereinregnete und im Winter die Eiszapfen von der Decke und von den Holzpritschen herunterhingen. Zusammen mit den anderen Häftlingen war mir oft so elend zumute, daß ich die bereits Verstorbenen sogar beneidete.

Am schlimmsten waren die sanitären Zustände. Abgesehen davon, daß die geringe Zahl von Waschbecken und Toiletten unmöglich für 1000 Häftlinge nur annähernd reichen konnte, war zusätzlich das Wasser oft abgestellt, in den Toiletten keine Spülung, dazu alles ganz entsetzlich verdreckt und verstopft.

Als die Kanalisation bei der zunehmenden Überfüllung des Lagers gänzlich zusammenbrach, wurde vor jedem Block eine rechteckige Grube ausgehoben, darum von allen vier Seiten Sitzbretter angebracht, so daß die Häftlinge ihre Notdurft im Freien verrichten mußten, bei Wind, Kälte und Regen, ungeschützt vor den Blicken der SS-Aufseher. Diese offenen Gruben waren Ursache für manche schlimme Erkrankung, besonders für Blasen- und Nierenentzündungen. Schmerzlicher war es, daß die Häftlinge zu tiefst in ihrer Würde verletzt wurden.

Unangenehm und schlimm war das häufige Abstellen oder Versagen der Wasserleitungen. Die Häftlinge mußten dann auf jegliches Wasser verzichten und konnten auch ihre Essensschüssel nicht spülen.

Unter dem Ausfall des Wassers litten vor allem auch die Frauen während der Tage ihrer Menstruation, hatten sie doch weder Binden, noch Papier, noch Stoff. – Unter diesen Bedingungen war es für die Häftlinge unmöglich, die notwendige Sauberkeit in den Baracken zu erhalten. Das wirkte sich besonders auf das Ungeziefer aus. Flöhe, Läuse und Wanzen belebten die Baracken, die Strohsäcke und unsere Kleidung. Sie störten unsere Nachtruhe und übertrugen Krankheiten. Ganz besonders ekelte ich mich vor den sogenannten Kakerlaken, das waren schwarze Käfer, die in Trauben von den Ecken und Rändern der Holzpritschen herunterhingen. Von den Läusen wurde vor allem Typhus übertragen und breitete sich in den letzten Monaten vor Kriegsende wie eine Epidemie im Lager aus, der täglich bis zu siebzig Häftlinge und noch mehr zum Opfer fielen.

Ich selbst habe mich vor dem Ungeziefer im Lager entsetzlich geekelt, und es gehörte für mich zu den schlimmsten körperlichen Leiden durch meine ganze dortige Zeit im KZ, daß ich vor Läusen, Wanzen, Flöhen und sogenannten Kakerlaken, dazu vor Ratten und Mäusen bis zum Kranksein Abscheu empfand, davon entsetzliche Träume hatte, verschiedene Male Hautausschläge bekam und fast immer an Fieber litt. Ähnlich erging es vielen anderen Mithäftlingen. Trotz intensiver Bemühungen um Sauberkeit und Bekämpfung des Ungeziefers gelang es nicht, diese kleinen Viecher von uns fernzuhalten. Es gab kaum Seife, Desinfektionsmittel oder Seifenpulver. Eine mir wohlwollende russische Ärztin riet mir, mit aller Energie diesen dummen Ekel zu überwinden, ich brachte es jedoch nie ganz fertig. Heute denke ich oft, daß es ein Wunder ist, als KZ-ler überlebt zu haben. Die Gesundheitsschäden der ehemaligen Häftlinge sind heute allgemein bekannt. Ohne Zweifel haben die unvorstellbaren entsetzlichen Zustände in den Wohnbaracken zur Zermürbung und zum vorzeitigen Tod vieler Häftlinge beigetragen.

Verpflegung

Die Nahrung der Häftlinge war nicht nur unzureichend, sondern in vielen Fällen auch ungenießbar. In Ravensbrück wurde beispielsweise an Verpflegung ausgegeben: morgens ein Becher Flüssigkeit, die als Kaffee bezeichnet wurde, mittags eine Kelle Wassersuppe, in der Steckrüben, Kohl oder andere Gemüsereste schwammen. Mit Kartoffelschalen aus der SS-Küche wurde diese Suppe »aufgebessert«, die wir stehend im Freien aufschlürfen mußten. Wir nannten sie eine Kelle »Fraß«. Abends gab es wiederum eine Kelle Wassersuppe. Die dunkelrote Suppenschüssel war übrigens das einzige Geschirr, das wir Häftlinge hatten, dazu oft verbeult, die Emaille an vielen Stellen abgestoßen. Daraus wurde Suppe und auch Kaffee geschlürft. Löffel oder anderes Besteck gab es nicht. Jeder mußte sehr auf der Hut sein, daß ihm seine Emailleschüssel nicht abhanden kam, denn sie war lebensnotwendig. An Brot bekamen wir ca. 200 Gramm täglich, das oft grün-schimmelig war und daher kaum genießbar. Wir mußten es sofort aufessen, weil wir es nirgends verwahren konnten, es wäre sonst gestohlen worden.

So konnte es nicht ausbleiben, daß die Häftlinge rapide an Gewicht verloren. Neu Eingelieferte büßten in den ersten zwei bis drei Monaten im KZ bis zu 25 Kilo ein. Da der Körper so wenig an lebensnotwendigen Substanzen bekam, löste sich das Zellgewebe auf. Es bildeten sich Phlegmone, länglich, eitrige, entzündete Wunden, die nicht heilen konnten, so lange es nicht mehr und bessere Nahrung gab. Dabei darf nicht übersehen werden, daß die Häftlinge trotz des Hungers langdauernde und in vielen Fällen äußerst anstrengende Arbeit leisten mußten, daß sie von ihren Bewachern, leider auch von manchen Kapos, Hilfs-Kapos, Block- und Stubenältesten, eigenen Häftlingskameraden gequält und geschunden wurden.

Wie ich später erfahren habe, hat meine Mutter während meines Aufenthaltes im Konzentrationslager mir viele Päckchen nach Ravensbrück geschickt. Aber da diese Sendungen immer zuerst in der Verwaltung des Lagers ankamen, dort geöffnet und kontrolliert wurden und dann an meine zuständige Blockführerin weitergeleitet wurden, die ebenfalls kontrollierte, verschwanden auf diesem langem Weg praktisch alle guten Lebensmittel aus den Päckchen. Das einzige, was ich hin und wieder erhielt, war altes geröstetes Brot, das mir aber eine große Hilfe war bei der entsetzlichen Ernährungslage.

Briefe durften wir nur auf kleinen Bögen mit vorgegebenen Linien in großen Abständen schreiben, die selbstverständlich die Kontrolle passieren mußten. Alle mißliebigen Äußerungen wurden unkenntlich gemacht, so daß die Briefe im wesentlichen nur ein Lebenszeichen darstellten, was aber selbstverständlich damals von großer Wichtigkeit war. Auch umgekehrt durften wir nur selten Post erhalten.

Als »Verfügbare«

Ich gehörte im ersten Vierteljahr zu den sogenannten »Verfügbaren«, d.h. ich war nicht einem bestimmten Arbeitskommando zugeteilt, das morgens nach dem Zählappell zu seinem Arbeitseinsatz losmarschierte, sondern wir »Verfügbaren« mußten auf dem Platz warten und wurden dann für einen fehlenden Häftling zu den jeweils anfallenden Arbeiten kommandiert, oft waren es besonders schwere Einsätze. Da wir »Verfügbaren« keine feste Arbeitsgruppe bildeten, fehlte der Zusammenhalt untereinander, der kameradschaftliches Verhalten ermöglichte. Wir waren isoliert und daher besonders der Willkür der Aufseherinnen ausgeliefert.

Ich wurde in dieser Zeit vorwiegend beim Bau der Lagerstraße eingesetzt, mußte die Erde ausheben, Steine heranschleppen und mit Hacke und Schippe umgehen lernen. Ich mußte Schienen verlegen für die Eisenloren, dann in einer Gruppe mit anderen Häftlingen Sand in die Loren schaufeln, sie mit eigener Körperkraft weiterschieben und wieder entladen. Anschließend wurde zum Planieren die schwere Straßenwalze von einigen Häftlingen gezogen, ca. 10 bis 12 halbverhungerte und geschwächte Frauen waren dazu nötig. Unbarmherzig wurden wir von der Aufseherin weitergetrieben. Trotz schlimmer Rückenschmerzen, Blasen an den Händen – Arbeitshandschuhe gab es nicht – und aufgescheuerten Füßen duldeten die SS-Aufseherinnen mit ihren Hunden keine Unterbrechung. Man wagte nicht den gekrümmten Rücken wieder geradezubiegen, weil jede Pause, falls sie bemerkt, mit Prügeln bestraft wurde.

Schwerstarbeit ist
Sterbehilfe
Sp Th / 1994

»Verfügbare« wurden auch beim Bau von Baracken eingesetzt. Kräftige Mithäftlinge, besonders Russinnen, mußten schwere Balken schleppen, die beim Bau neuer Baracken benötigt wurden; ich selbst war eingeteilt zu Erdarbeiten und mußte mit Hacke und Spaten den Grund für die Neubauten auf dem KZ-Gelände ausheben. Es war Knochenarbeit! Bagger, Lastkraftwagen oder Pferde wurden bei diesen schweren Arbeiten nie verwendet; man wollte durch Schwerstarbeit die Zahl der Häftlinge reduzieren: »Vernichtung durch Arbeit!«

Besonders grausam und psychisch belastend war es für »Verfügbare«, zu der sogenannten Leichenkolonne kommandiert zu werden, die mit ihrem Karren von Baracke zu Baracke ziehen mußte, um die an Hunger, Krankheit, Erschöpfung oder Mißhandlung verstorbenen Häftlinge einzusammeln, aufzuladen und zum Krematorium zu fahren.

Ich selbst wurde öfters dazu bestimmt, die schweren Suppenkübel zu den jeweiligen Baracken zu tragen. Jede Baracke bekam eine Reihe von Kübeln. Oft wurden wir auf dem Weg von der Lagerküche zur Baracke umringt und aufgehalten von verhungernden Kindern und Häftlingen, die nicht schnell genug an das Essen herankommen konnten. Was von der ohnehin mageren Suppe überschwappte und auf dem Schotterboden der Lagerstraße liegen blieb, wurde mit dem Mund aufgeschlürft. Manchmal haben wir auch eine Portion Suppe extra überschwappen lassen, um den Kindern, die verwahrlost herumliefen, etwas zukommen zu lassen, oder auch manchen Häftlingen. Es war aber sehr gefährlich, denn wenn die Aufseherin merkte, daß wir »auf diese

...zur Zwangsarbeit im Moor...
...ich kann nicht mehr ....
gr. Th. 89

Weise« das Essen verteilten, drohte uns Kübelträgerinnen schwere Strafe.

Viele Tage gehörte ich zu den »Sumpftrockenlegern«. Die meisten Frauen, die mit mir stundenlang »mit dem Spaten im Moor« arbeiten mußten, hatten ihre Holzpantinen verloren und mußten barfuß im Schlamm und Wasser stehen. Nachdem vorgegebene Moorstreifen in mühevoller Arbeit mit dem Spaten trockengelegt waren, mußten wir dort kurze Holzbalken parallel nebeneinander verlegen, auf die dann die Schienen für die Loren befestigt wurden. Ich war fast immer zuständig für das Zusammenschrauben der Schienen, was mit der Hand geschah – ohne Schraubenschlüssel. – Ein grauenhaftes Erlebnis im Moor war für mich der Tod der Tschechin Hedwig N.. Sie hatte sich, um ihre Notdurft zu verrichten, nur ein paar Schritte von der Gruppe entfernt. Da hetzte die Aufseherin Binz ihren Wachhund auf Hedwig, der ihr beide Hände abbiß und die schwerverletzte Frau zu der Aufseherin schleppte. Während der Hund für seine Leistung gelobt wurde, verblutete die Tschechin qualvoll vor unseren Augen. Es war uns verboten, ihr zu helfen. Um unsere Notdurft zu verrichten, durften wir uns keinen Schritt von der Gruppe entfernen. Welche Demütigung.

SS-Männer und SS-Helferinnen, eigens geschult für diese Aufgabe, waren zuständig für die Lagerleitung und Lageraufsicht. Die SS-Männer wurden im Geiste des Herrenmenschen erzogen, durch härtesten Drill zu stahlharten, gefühllosen Menschen gemacht, so daß kein mitmenschliches Gefühl gegenüber den Häftlingen aufkommen sollte und konnte. Für sie waren die Gefangenen Untermenschen, die man ohne jegliche Rücksicht schinden und mißhandeln konnte, aus denen man die letzten Arbeitsreserven herauspressen sollte, unabhängig davon, ob sie an dieser Schinderei direkt oder später zugrundegingen. Die Aufseherinnen standen im Dienst der SS. Sie wurden »SS-Helferinnen« oder »SS-Aufseherinnen« genannt. Diejenigen Aufseher oder Aufseherinnen, die sich besonders »tüchtig« und »rücksichtslos« in der Behandlung der KZ-Insassen erwiesen, hatten am ehesten Chancen, bald befördert zu werden.

Es gab auch andere, die diese unmenschliche Aufgabe als Aufseher nicht ertrugen. Viele drehten durch oder wurden zum gleichen Schicksal wie die Häftlinge verurteilt. Sowohl bei den Häftlingen als auch bei der Lagerleitung galten sie als unzuverlässige Außenseiter, man traute ihnen nicht. Eines Tages waren sie verschwunden.

An der Spitze des Lagers stand der Lagerkommandant, er hatte die Leitung und oberste Befehlsgewalt. – Zu meiner Zeit war es zunächst der Kommandant Schwarzenhuber, der abgelöst wurde durch den Kommandanten Fritz Suhren, der aus Auschwitz nach Ravensbrück kam auf Anordnung von SS-Reichsführer Himmler. Für alle wirtschaftlichen Angelegenheiten des Lagers war der Verwaltungsführer zuständig, der selbstverständlich dem Lagerkommandanten unterstellt war. – Entscheidende Befugnisse im Alltag des Lagerlebens hatte der Arbeitsdienstführer, der die Organisation des gesamten Arbeitsbereiches im Lager und auch außerhalb des Lagers befehligte. Er war verantwortlich für den Einsatz, die Größe und die Zusammensetzung sämtlicher Arbeitskommandos und damit auch der Vorgesetzte für die Blockführerinnen, die ihm die Häftlinge als Arbeitskräfte zur Verfügung stellen mußten.

Zu Blockältesten wurden häufig Kriminelle oder Asoziale, also grünwinklige oder schwarzwinklige Häftlinge bestimmt. Sie waren für eine Baracke verantwortlich, die zu meiner Zeit mit ca. 1000 Frauen oder auch mehr belegt war. Sie mußten für Ordnung und Ruhe in ihren Baracken sorgen, und konnten »Meldung« machen, wenn sie es für richtig hielten. Was aber hielten gemeine, primitive Menschen für richtig? Wenn den Blockführerinnen, die jeweils einer Baracke vorstanden, ein Häftling nicht sympathisch war oder sie ihn bestrafen wollten, so machten sie eine sogenannte »Meldung« beim Arbeitsdienstführer, der die Betreffende zu solchen Arbeiten zwingen konnte, die schwerste gesundheitliche Schäden oder häufig auch den Tod zur Folge hatte.

So waren wir Häftlinge abhängig von den Launen einer oft sehr primitiven und unberechenbaren Person.

SS-Aufseherinnen wurden im Lager Ravensbrück in großer Zahl ausgebildet, nicht nur für den »Eigenbedarf«, sondern auch für andere Außen- und KZ-Lager. Sie gehörten zum Typ der fanatischen Nazis. Ihrer inneren Einstellung nach waren sie gewillt, bedingungslos dem Führer und seinen Anordnungen zu folgen, »unwertes Leben« entsprechend skrupellos auszunutzen und zu quälen. Sie wurden im Lager selbst und bei den Arbeitskommandos zur Aufsicht eingesetzt. Etwa 3500 Aufseherinnen wurden im KZ Ravensbrück ausgebildet.

Ja, wir sind die
"Moorsoldaten,
ziehen mit dem spaten ins Moor!"
KK 88

Nach Abschluß ihrer Ausbildung wurden sie Gefolgschaftsmitglieder der SS. Sie leisteten einen Treueeid auf den Führer, unterschrieben einen Katalog von Verpflichtungen bezüglich ihrer Tätigkeit im KZ und unterzeichneten eine Aufstellung von Maßnahmen, die ihnen im Falle einer Dienstpflichtverletzung drohten. Sie trugen eine einheitliche Uniform, bestehend aus einem grauen Jackett, einem Hosenrock, hohen schwarzen Schaftstiefeln und einem Käppchen. Häufig waren sie bei ihrer Aufgabe als Aufseherin von Bluthunden begleitet, die sie auf Frauen hetzten, die bei der schweren Arbeit eine Verschnaufpause einlegten oder einfach zu langsam arbeiteten.

Eine Aufseherin, die »Binz«, hatte es auf mich abgesehen. Wann immer sie konnte, gab sie mir mit ihren Stiefeln einen Tritt, daß ich entweder zu Boden fiel oder aber einen Meter weit flog, – gerade sie hatte darin sehr gute Übung, war dies doch ihre tägliche Beschäftigung. An ihren Stiefeln trug sie, wie auch die anderen Aufseherinnen, Sporen, mit denen sie bei ihren Fußtritten schmerzhafte Fleischwunden in Waden und Fersen der Häftlinge reißen konnte.

Nicht nur ihre Gesinnung war scheußlich, sondern auch ihr äußeres Aussehen. Uniformiert ähnelte sie einem gepanzerten schwarz-grünen Tier, hager von Gestalt. Auf den rotblonden Haaren, buschig gekraust, saß verwegen das Käppi, und ihr Gesicht glich einem mit gelber Haut überzogenem Totenschädel, mit breitem frech verzerrtem Mund und dunklen wilden Augen. Haß, Feindschaft und Grausamkeit, das waren ihre Haupteigenschaften – und doch hatte auch sie heimlich

Angst. Ja, Angst, als Ausdruck ihres schlechten Gewissens, – Angst vor allem vor den eigenen Kolleginnen. Durch Eifersucht und Mißtrauen waren die SS-Aufseherinnen sich untereinander spinnefeind. – Ebenso haßerfüllt und grausam war die SS-Aufseherin Holthöfer, die mich nach einer Prügelstrafe noch zusätzlich fürchterlich ins Gesicht schlug.

Noch ein anderer Mensch steht mir vor Augen, der auch im Äußeren sein seelischen Chaos zeigen mußte. Er war ein unschöner, dicker, blonder SS-Mann. Aus dem schwulstigen Gesicht blitzten kleine rotumränderte blaue Augen und die dicken Lippen zeugten von fleischlicher Lust und sinnlichen Gelüsten! Was mag dieser Mensch schon alles hinter sich haben?! Er ist darum nicht zu beneiden.« Wie oft war er doch dabei, wenn man arme Häftlinge folterte, wie sie auf dem Holzblock festgebunden, fürchterliche Stockhiebe erhielten. – Sein Name war Pflaum, und wer ihm in die Hände fiel, wurde so geschlagen und getreten, daß er ohnmächtig wurde oder tot liegen blieb. Und wenn im Waschraum hunderte von Frauen gezwungen waren, nackt im kalten Raum zu stehen, war es sein Vergnügen, sich die schönsten zu seinem sadistischen Tun auszusuchen.

Auch unsere Blockälteste, »die Wolk«, hat sicher an die 100 Menschenleben auf dem Gewissen, die sie durch eine sogenannte »Meldung« ins Gas oder in den Bunker gebracht hat. Sie war bekannt dafür, daß sie Lebensmittel aus Paketen, die für Häftlinge bestimmt waren, für sich zurückbehielt, und wenn dann ein Verdacht geäußert oder Kameradschaftsdiebstahl angemahnt

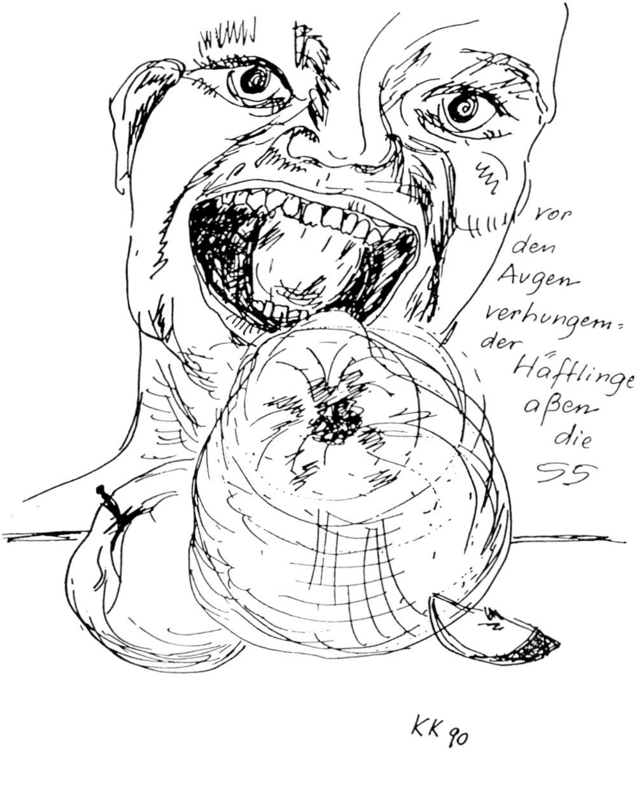
vor
den
Augen
verhungern=
der
Häftlinge
aßen
die
SS
KK 90

wurde, so konnte sie sich ihrer Ankläger durch eine »Meldung« entledigen. Außerdem hat sie von der SS für ihre scharfe Aufsicht als Belohnung Lebensmittel zusätzlich bekommen.

Ich erinnere mich genau, daß Rote-Kreuz-Pakete aus dem Ausland, die für die Häftlinge gedacht waren, in Ravensbrück ankamen, aber die SS-Aufseher und -Aufseherinnen haben diese Pakete vor den zum Appell angetretenen Frauen geöffnet, die guten Lebensmittel vor unseren Augen selbst gegessen, während wir gezwungen wurden, die Empfangsbestätigungen für die Pakete zu unterschreiben, ohne daß wir etwas von dem guten Inhalt bekommen haben.

Noch schlimmer war eine andere Blockälteste, die »Hansi« aus Wien, die obwohl sie 32 mal wegen Diebstahls vorbestraft war und einen grünen Winkel trug, das Stehlen nicht lassen konnte. Sie schlug jedoch Häftlingen die Zähne aus, wenn sie beim Stehlen erwischt wurden. Wegen ihrer Raffgier trug sie im Lager den Spitznamen »Gold-Hansi«.

Ja, es gab auch manche gute Aufseherin, die aber riskierte, selbst im KZ inhaftiert zu werden. Als mir die Aushändigung eines Weihnachtspakets verweigert wurde, habe ich mit aller Kühnheit und Redegewandtheit von der deutschen Weihnacht gesprochen, wo doch von Liebe so viel die Rede sei.

Selbst in eigene große Angst geraten, gestattete diese Aufseherin, daß ich wenigstens Lebkuchen für meine Mitgefangenen und mich erhielt. Sie war eine Aufseherin, die nicht zum Gefolge der SS gehörte, sondern sie wurde als sogenannte »Strafversetzung« zum Aufseherdienst im Lager gezwungen, was öfter vorkam. – So erlebte ich auch später Aufseherinnen, die nicht der SS angehörten.

Ich kannte auch alte Wehrmachtsangehörige, die man, nachdem gegen Kriegsende die tätowierte SS geflohen war, zu unserer Bewachung einsetzte. Durch sie gelang es uns, die Gestapo zu überlisten, z.B. sollten Französinnen eines Tages von der Gestapo nach Berlin geholt werden, um dort vor dem Volksgericht als »Schwer-Politische« zum Tode verurteilt zu werden. Aber ehe die eigentliche Gestapo erschien, gelang es einer Gruppe, als Gestapo verkleidet, die französischen Frauen aus dem KZ herauszuholen und damit zu befreien.

Das unmenschliche System im KZ aber, in dem alle Häftlinge als Untermenschen angesehen wurden, hatte aus Aufsehern und Aufseherinnen zum Teil wahre Bestien in Menschengestalt gemacht.

Inneren und äußeren Gefahren war man täglich, ja stündlich ausgesetzt. Es war verboten, laut zu beten, religiöse Gespräche zu führen, vor allem war es strikt untersagt, religiöse Gegenstände zu haben. Dennoch besaß ich ein französisches Meßbuch, einen Rosenkranz und meine Medaille von der marianischen Kongregation während meiner Zeit im Lager.

Die Marienmedaille hatte ich schon auf dem Transport in meine Zahnpastatube vom hinteren Ende her eingeschmuggelt und bei der scharfen Kontrolle zu Beginn, bei der im Mund, zwischen den Zehen, zwischen den Fingern, hinter den Ohren nachgesehen wurde, kam niemand auf die Idee, die Zahnpastatube zu kontrollieren. Die Medaille hat mir viel bedeutet in dieser schweren Zeit. Noch heute trage ich sie ständig in meiner Rocktasche. Rosenkränze, Gebetbücher u.ä. wurde allen Häftlingen bei Einlieferung ins Lager abgenommen, aber andere Häftlinge, die in der Effektenkammer ihren Dienst taten, hatten diese religiösen Gegenstände zum Teil heimlich an sich genommen und sie später unbemerkt und unter eigener Lebensgefahr an interessierte christliche Häftlinge weitergegeben. Sie wußten, daß sie ihnen damit eine Freude bereiteten. Auch haben wir aus Brot mit Hilfe des Speichels kleine Perlen geformt und sie auf herausgezogene Fäden des Sträflingskleides zu kleinen Rosenkränzen aufgefädelt. Jedoch war es sehr gefährlich, denn, wer mit religiösen Gegenständen erwischt wurde, mußte mit Erschießung oder schwerer Bestrafung rechnen.

Da Besitz jeglicher Art verboten war, wurden öfter bei den Häftlingen Kontrollen durchgeführt. Ich hatte bei einer solchen schnell den Rosenkranz unbemerkt aus meiner Tasche geholt, und während die Aufseherin meinen ganzen Körper abfühlte und ich die Hände hochstreckte, hatte sie nicht darauf geachtet, daß ich mit der linken Hand eine Faust machte, in der mein Rosenkranz ein gutes Versteck hatte. Mein Gebetbuch steckte tief im Strohsack, daß ich oft selbst lange danach suchen mußte, um es gleich nach Gebrauch wieder dorthin zu verstecken.

Der Besitz und der Gebrauch dieser religiösen Gegenstände trug dazu bei, uns im Glauben und in der inneren Widerstandskraft zu stärken. Der Rosenkranz und die Medaille haben mich sogar auf dem Todesmarsch und auf dem langen gefährlichen Fußweg zurück in die Heimat begleitet.

Trotz des Furchtbaren und Schrecklichen im Lager, das uns täglich wissen ließ, daß wir uns in einer Art Vernichtungslager befanden, gab es auch Stunden, in denen man dies alles vergessen konnte, nämlich dann, wenn Gelehrte, Künstler, Wissenschaftler und Komiker unter den gefangenen Frauen aus den unterschiedlichsten Ländern ihre Begabung zeigten und Großartiges vortrugen.

Dies geschah in einem Versteck des Schlafraumes, oder der eine oder andere Blockälteste erlaubte unter eigener Lebensgefahr einen »bunten Nachmittag«. Besonders aber bei Fliegeralarm, wenn die Aufseher und Aufseherinnen in den Bunkern Schutz suchten, hatten wir die Chance zu solchen Auftritten. Da hörte man Geschichten und Lieder aus aller Welt, sah Tänzerinnen und hörte beste Sängerinnen. Auch Gedichte und kleine humoristische Theaterstücke rissen viele aus dem Stumpfsinn heraus. Ich selbst stellte mich auf den Tisch, um eine erfundene, lustige Geschichte vorzutragen oder spontan erdachte Lieder zu singen. Damit hörten und sahen wir Unterhaltsames und Anregendes aus aller Welt.

Oberstes Gebot dabei war: sich bloß nicht erwischen lassen!

Manche Häftlinge hatten sich auch durch den Kontakt mit Ausländerinnen eine fremde Sprache bewußt angeeignet, um den Verstand zu schulen. – Zu mir kamen gern Kinder, wenn ich ihnen Geschichten aus der Bibel erzählte. Einmal, als ich wieder erzählte, entdeckten wir die Aufseherin fast zu spät, und auf meinen raschen Befehl hin waren die Kinder weg wie die Spatzen.

Weihnachten im KZ

Es kam der Advent 1943. Untersagt waren gemeinsame Gebete, religiöse Lieder und Gebräuche. Obwohl dieses Verbot an allen Türen angeschlagen war, stand für kurze Zeit ein Adventkranz auf dem Tisch, mit brennenden Kerzen, in unserer Baracke. Die Polinnen hatten das organisiert. Wir sangen »Leise rieselt der Schnee«, ich sprach einige Worte von der Erwartung des Herrn, von dem großen Advent unseres Lebens, von unserem Retter, der uns befreit von allen Banden der Sünde und das Todes. Wir stimmten das feine Lied an »Laßt die Wurzel unseres Handelns Liebe sein, sende sie in unsere Herzen tief hinein, laßt doch alles hier auf Erden Liebe werden.« Und zum Schluß sangen wir gemeinsam voller Sehnsucht »Ich wollt, daß ich doheime wär und aller Welte Trost entbehr«. Viele Frauen weinten vor Freude und Heimweh. Die Spötter schwiegen in solchen Momenten. – Es gab auch andere Augenblicke, wo jene über Religion und Gott sich so niederträchtig äußerten, daß wir schweigend uns entfernten. Immer war es ein Kampf zwischen Gutem und Bösem, zwischen Heiligkeit und dämonischer Bosheit.

Weihnachten 1943 war ich bei den zum Tode Verurteilten auf der sogenannten letzten Etappe im Konzentrationslager Ravensbrück. Über allen Baracken lag nicht nur der feuchte Nebel, es stank fürchterlich nach verbranntem Fleisch: ekelhaft. Ich stand an diesem Tag mit vielen polnischen, russischen, englischen und französischen Frauen in einem vereisten Sumpf in der Nähe des Schwedtsees. Wir mußten mit Pickel und Hacke die dicke Eisdecke aufschlagen, unter Schlägen die Eis-

brocken abheben, mußten die gefrorenen Eis- und Erdklumpen mit den Händen wegtragen. Ich hatte keine KZ-Jacke an, denn an diesem Feiertag hing die Wäsche feucht im Block am Bett. Steif gefroren und weinend vor Hunger und Not stand ich dort und konnte nur drüben die Kirchturmspitze des Städtchens Fürstenberg sehen. Da war so viel Heimweh, so viel Leid und Elend, daß der Tod von uns immer mehr herbeigesehnt wurde; er hätte uns Erlösung gebracht! Doch wenn Gott nicht der Herr über Leben und Tod wäre, wäre ich doch unter diesen Umständen mit vielen Tausenden untergegangen. Aber noch sollte ich weiter leben und leiden.

Sterbenskrank schleppten sich die wenigen, die am Abend noch lebten, zum Block. Fieber und Erfrierungen ließen uns diese Nacht wieder nicht schlafen. Im Fiebertraum leuchtete alles nur Wünschenswerte in magischen Blitzlichtern im Gehirn auf. Aus Fürstenberg über dem See drüben hörten wir noch leise die Kirchenglocken. – Bei uns hatte keiner ein Streichholz, um eine Kerze anzuzünden.

Aber wir hatten Zeit zur inneren Besinnung, irgendwie in den Tagen um Weihnachten trafen wir uns mit wenigen Gesinnungsgenossen zu kurzem, heimlichem Gespräch. Und »wo zwei oder drei in meinem Namen versammelt sind, da bin ich mitten unter ihnen«. Unter uns christlichen Häftlingen konnten einige die Liedertexte von der Geburt Christi auswendig; Kopf an Kopf zusammengesteckt, flüsterten wir uns leise den Text zu. »Ein Licht leuchtet in der Finsternis!« – hier im Todesschatten.

Weihnachten 1944 war mein zweites Weihnachtsfest im KZ »Stille Nacht! Heilige Nacht! alles schläft, einsam wacht nur das traute, hochheilige Paar«: Unser schönes deutsches Weihnachtslied, wer sang es dieses Jahr 1944?

Wir im Konzentrationslager bekamen »Sonderzulagen«, d.h. zwei Tage Strafestehn, Kostentzug, Sirenengeheul, Marschieren, Hundegebell, Fußtritte: Ja, das waren die tollsten Erfindungen haßerfüllter SS.

Der Weihnachtswunsch vieler wurde erfüllt: Sterben! Ist nicht der Tod das Tor zum Leben? An diesen hohen Feiertagen wurden all die Toten, die sich am elektrisch geladenen Stacheldraht selber umgebracht hatten, mit langen Stangen vom Strom abgehängt, auf offene Karren geladen, im Krematorium verbrannt. Wir Überlebenden mußten die Menschenasche auf den Lagerstraßen flachwalzen.

Appellstehen

Zweimal am Tag riefen die Lautsprecher auf allen Baracken über das Lager hinweg zum Zählappell auf, morgens vor der Arbeit und abends in den verschiedenen Sprachen der Häftlinge: in deutsch, polnisch, englisch, russisch, französisch, holländisch u.a. SS-Aufseher stürmten in die Baracken und trieben alle Insassen auf die Lagerstraße. Dort mußten wir uns in Zehnerreihen aufstellen, damit jede Aufseherin die Reihen besser zählen konnte. Wenn die vorgeschriebene Zahl der Häftlinge pro Block nicht stimmte, verlängerte sich der Zählappell im ganzen Lager, bis die Meldung kam, daß die Vermißten, tot oder lebendig, gefunden waren. Fehlte beim morgendlichen Appell oder am Abend ein Häftling, der vielleicht so krank geworden war, daß er sich nicht fortbewegen konnte, oder die Aufseherin hatte sich beim Appell verzählt, dann mußten die 60.000 Frauen so lange stehen, bis der Fall aufgeklärt war, oft Stunden um Stunden!

In der Regel ging der Zählappell am Morgen relativ schnell vorüber, da die einzelnen Kolonnen von dort aus geschlossen zur Arbeit gingen. Aber abends, wenn wir erschöpft und müde von der Arbeit in die Baracken zurückkamen, mußten wir oft unendlich lange beim Appell stehen und warten. Besonders schlimm war das Appellstehen im Winter. Selbst bei Frost und Schnee mußten wir oft endlos lange stehen, so daß die Kälte in uns hochkroch und wir erbärmlich an den Füßen und Beinen froren.

... hier ist der
Selbstmord
verständlich ...
KK/90

Einmal standen wir barfuß so lange auf dem eisgefrorenen Boden, daß meine Fußsohlen anfroren, die Haut am Boden festkleben blieb und ich am Ende des Appells mit nacktem Fleisch unter den Füßen zum Block zurückmarschieren mußte.

Gerne erinnere ich mich an eine Begebenheit mit unseren polnischen Kameradinnen. Wir standen wieder stundenlang beim Zähl-Appell, frierend im Regen in unseren KZ-Kleidern. »Lassen wir uns den Humor nicht nehmen, trösteten wir uns gegenseitig«; und da sangen unsere Polinnen folgendes Lied ganz leise vor sich hin:

»Maly bialy domek ma okna ja vezy mojyx Mamy
Maly bialy domek ma okna 2 Knophami deszcsu
zaraz ten placzoce oczy majy Mamy. ----«

»Kleines weißes Haus hast Fenster, wie die Augen meiner Mutter.
Kleines weißes Haus hast Fenster mit Regentropfen,
gleich den weinenden Augen meiner Mutter.«

Ja, ich kann noch die Melodie. Viele unserer Kameradinnen weinten bitterlich bei diesem Lied. Manchmal mußten wir auch mitten in der Nacht erneut Appellstehen, oft stundenlang, einfach mit dem Ziel, uns zu zermürben.

Auch im Sommer konnte das lange Stehen, oft barfuß, auf dem spitzen Schotter der Lagerstraße zur echten Qual werden, denn in den letzten zwei Jahren wurden im Sommer im Lager keine Schuhe und keine Pantinen mehr ausgegeben.

Wer umfiel vor Erschöpfung, mußte liegenbleiben bis zum Ende des Appells, damit er mitgezählt werden konnte. Es war verboten, die Schwachen zu stützen. Dann wurden die Liegengebliebenen, ob sie tot oder halbtot waren, auf einen offenen Karren geladen und ins Krematorium gefahren.

Der Kommandant des KZ Ravensbrück Kögel – er kam aus Auschwitz – ließ uns Gefangene sogar zwei Tage und Nächte ohne Essen, Trinken und Schlafen stehen, bevorzugt an hohen Feiertagen. Dabei marschierte der ganze SS-Stab die Reihen der zum Appell angetretenen Frauen ab. Er selbst schrie: »Ich habe die Macht, Euch verhungern zu lassen. Ich lasse Euch im Schnee und Regen stehen, bis Ihr alle verreckt seid.« Andere SS-Männer mit geladenen Revolvern hielten Wache. Die endlosen Appelle bei Tag und auch nachts sind uns Häftlingen in besonders schrecklicher Erinnerung. Sie zählten zur eindeutigen Strategie der Zermürbung und Menschenvernichtung.

Träume

Der Hunger machte uns so zu schaffen, daß wir in der Nacht und am Tag in Wachträumen Vorstellungen hatten von Brot, Marmelade, Kuchen, Wurst und Obst und anderen Köstlichkeiten. Auch unsere Gespräche untereinander kreisten oft ums Essen, um Kochrezepte und feine Weine. – Mütter träumten von ihren Kindern, die sie nicht bei sich hatten, oder von ihren Männern an der Front. Ich selbst hatte mir im Traum eine kleine Zeichnung gemacht von unserem Garten daheim und von meinem Elternhaus. Öfter hatte ich Träume aus meiner Kinderzeit, vom Spielen mit Nachbarskindern, vom Schaukeln und Turnen im Garten.

Leider war das Erwachen immer grausam, – hungrig und frierend begann der neue Tag, hatte ich doch noch im Traum Schokolade und süße Bonbons gegessen.

Aber die Träume aus der Kindheit halfen über manches Schreckliche hinweg, wenn auch nur für kurze Zeit. »Schlüpfet alle hindurch, schlüpfet alle hindurch, durch die goldene Brücke...«

Diese Verse erinnerten mich an meine sorglose Kindheit daheim. Wie oft haben wir Kinder, meine Geschwister und die vielen Nachbarskinder zusammen in unserem schönen großen Garten daheim das obige Kinderreigenlied gesungen und dazu den richtigen Ringelreigen wiederholt getanzt: »Mädchen und Buben...«

Feierlich durchschritten wir hintereinander das »Goldene Brückentor«, das die zwei Größten zueinander gebeugt, die Arme und Hände zu einem hohen Spitzbogen gefaßt, darstellten. Ganz laut durften wir dazu singen. Kein Nachbar störte sich daran. Im Gegenteil, sie kamen herzu, schauten wohlwollend zu, ließen uns Kinder gewähren, keiner schimpfte mit uns.

So wie mir damals im Lager die Träume aus der Kindheit über manches hinweggeholfen haben, so verfolgen mich heute Träume aus der Wirklichkeit der Lagerzeit. Oft schrecke ich aus diesen Träumen auf und bin froh, daß es nicht mehr wahr ist: Bluthunde, Ungeziefer und uniformierte »SS-Weiber«. Die Feuertürme der brennenden Krematorien jagen mir im Traum noch heutzutage richtige Angstschocks ein. Auch träume ich von Riesenläusen, die mich auffressen wollten.

Bis heute habe ich manches Mal Angstzustände und fürchte mich vor Menschen und Hunden auf der Straße.

.... der Tod, mein Freund ....

Im Rüstungsbetrieb

Wochen und Monate gehörte ich zu denen, die bei Siemens & Halske für die deutsche Rüstungsindustrie arbeiten mußten. Zunächst kam ich Anfang 1944 in die Arbeitskolonne, die für den Bau, der von Siemens geplanten Rüstungsfabrik vorgesehen war. Wir marschierten frühmorgens aus dem Lagertor hinaus auf einem Weg, der auf beiden Seiten mit Stacheldraht gezäunt war, und mußten anfänglich die erforderlichen schweren Erdarbeiten für die geplante Anlage leisten, dann die Barackenbauten mit eigener Körperkraft erstellen. Als diese fertig waren, mußte ich bei den Elektroanlagen im Inneren der Baracke mitwirken, einer der angenehmsten Arbeitseinsätze während meiner Haftzeit.

Zunächst wurde ich bei der Firma Siemens in der Schreibstube eingesetzt, um täglich die Listen der Toten, der Neuzugänge, der ausfallenden und anzufordernden Arbeitskräfte zu führen. Bei diesen Schreibarbeiten habe ich mich extra vertippt, um diese Arbeit zu boykottieren. Ich wollte nicht die Namen meiner Mithäftlinge registrieren, unter dauernder SS-Aufsicht und persönlicher Lebensgefahr. So blieb meine Tätigkeit in dem Büro nur eine kurze Episode.

Bevor wir als billigste Arbeitskräfte im Rüstungsbetrieb eingesetzt wurden, machte man kleine Tests mit uns, um die Fingerfertigkeit und die Konzentrationsfähigkeit zu testen, damit wir entsprechend unseren Fähigkeiten einen Arbeitsplatz zugewiesen bekamen. Ich mußte in der 6. Baracke des Siemens-Arbeitslagers

... die Angst macht
Tier und Mensch
hörig ...

kleinste Maschinenteile zählen, immer in Akkordarbeit und unter Zeitdruck.

Morgens um 4 Uhr wurden wir durch Sirenengeheul geweckt, mußten uns in Zehnerreihen einordnen. Nach dem Zähl-Appell marschierten die Gruppen aus zu den Rüstungsbaracken, die SS immer hinter uns herschreiend: »Schneller, schneller!«

Auf unserem Weg dorthin mußten wir täglich an den Hundezwingern vorbei, wo ca. 100 böse Bluthunde uns ankläfften. Wir trugen die dunkelrote Emailleschüssel für das Mittagessen unter unserem linken Oberarm, um in der Mittagspause bei Siemens draußen im Stehen eine Kelle Suppe hinunterzuschlürfen. Die Pause war sehr kurz, die Arbeitszeit betrug 12 Stunden. Auf dem Rückmarsch ins Hauptlager kamen wir an den Schweineställen vorbei. Wenn wir Glück hatten, war das Futter an die Schweine noch nicht ganz ausgegeben, und wir füllten rasch im Vorbeimarsch unsere Eßschüssel mit dem »guten« Schweinefraß.

Besonders fürchteten wir die Arbeit in der Nachtschicht. Kamen wir Frauen nach 12-stündiger Fließbandarbeit aus den Werksbaracken frühmorgens zurück in das Lager, mußten wir erst zum Zählappell auf der Lagerstraße antreten, mußten dort auch noch lange stehen und warten, bis der Appell vorüber war. Wenn wir dann endlich völlig erschöpft und todmüde auf die Strohsäcke niedersanken, konnten wir nur wenige Stunden schlafen, denn wir mußten uns um die Mittagszeit pünktlich nach der Kelle Suppe anstellen, um überhaupt etwas Nahrung zu erhalten. Und um 17.00 Uhr mußten

diese zwei jüdische Mädchen
Geschwister Stein aus Mann-
heim

KK 1986

haben neben mir
am Fliesband in der
KZ-Siemenshalle Nr. 6
gearbeitet. Edith St.
wurde von der Stanzmaschine
in den Kopf getötet: 9 Jahre
alt. –

wir bereits wieder zur Arbeit für die Nachtschicht bereit sein.

Fast alle Häftlinge mußten am Fließband arbeiten. Wenn Häftlinge am Fließband ermüdeten, kam die SS-Aufsicht durch den Gang, schlug mit dem Gummiknüppel auf den Rücken, um sie wach und bei der Arbeit zu halten. Einmal traf die Aufseherin nicht nur meinen Rücken, sondern auch beide Hände. Das Blut, das über meinen Handrücken schoß, leckte der sonst so gefürchtete Hund, der sie immer begleitete, ab. Und ich sagte: »Gutes Vieh danke, du bist besser als die Menschen.«

Ganz in meiner Nähe arbeiteten ein siebenjähriges Judenmädchen und ihre neunjährige Schwester im Rüstungsbetrieb der Firma Siemens. Die neunjährige mußte am Fließband die von rechts kommende Kupferplatte rasch unter die Stanzmaschine schieben, die mechanisch in gleichen Abständen größere Löcher in die Platte stanzte. Plötzlich fiel der Kopf des Mädchens vor Erschöpfung nach vorne herunter und die Stanzmaschine stanzte 5 große Löcher in den Schädel des Mädchens. – Eine SS-Aufseherin rannte durch den langen Hallengang herbei, riß das tödlich verwundete Mädchen von der Maschine weg. Die Leiche wurde auf den offenen Wagen geworfen und mit anderen Toten oder im Sterben liegenden Gefangenen ins Krematorium gebracht. Solche Transporte sahen wir täglich. Der verlassene Arbeitsplatz wurde anschließend durch eine neue Gefangene ersetzt und das Fließband konnte weiter bedient werden. Noch gut kann ich mich an dieses schreckliche Erlebnis erinnern.

Strafblock und Strafen

Durch einen Drahtzaun und Bretterwände vom übrigen Lager getrennt, befand sich der Strafblock. Hierhin kamen Häftlinge, die besonders schwer bestraft werden sollten. Ihnen wurden die anstrengendsten und schmutzigsten Arbeiten auferlegt. Dazu hatten sie noch längere Arbeitszeiten, fast nie einen freien Tag und noch geringere Essensrationen als die übrigen Häftlinge. Die brutalsten Aufseherinnen waren hier eingesetzt und führten ein Schreckensregiment. In den Strafblock eingewiesen zu werden, war eine besonders gefürchtete Strafe; sie galt als »Hölle von Ravensbrück!.

Ich hatte mir vierzehn Tage »Strafblock« eingebrockt, weil ich einem armen, kranken jüdischen Kind von acht Jahren einen Teil meiner Suppe in seine Schüssel umgeleert und ihm von meinem Brot abgegeben hatte. »Du Miststück«, schrie die Aufseherin Holthöfer, »das sollst Du büßen«. Mit Schubkarren und Schaufeln marschierten wir Strafblockhäftlinge, etwa 100 Frauen, täglich zu den Kloaken. Pausenlos, bis spät in die Nacht, schöpften wir den stinkenden Kot in die Schubkarren und mußten ihn dann zu einer Sammelgrube fahren, wo er ausgeschüttet wurde. Barfuß standen wir bis zu den Knien in den Kloaken. Schwach gewordene Mithäftlinge versanken darin, und nie kam die Strafkolonne abends vollzählig zurück. Einige der Kameradinnen, die vor Schwäche in die Grube abgerutscht waren, konnten wir nur noch tot und am ganzen Leibe stinkend herausziehen, in unsere Schubkarren aufladen, mit ins Lager fahren und dem Krematorium-Kommando übergeben.

Unter diesen entsetzlichen Arbeits- und Lebensbedingungen zeigten sich besonders die negativen Eigenschaften des Menschen. Die niedrigsten Instinkte traten zutage. – Die Frauen im Strafblock waren nervlich total überreizt, sie waren zum Teil aggressiv untereinander. Es kam zu Schlägereien, manche drehten ganz durch. Andere versuchten, durch Spitzeldienste sich bei der Aufseherin Liebkind zu machen, um so auf Kosten anderer besser über diese Zeit zu kommen.

Bei hohem Fieber, Krätze, Typhus und schwerster Arbeit in der »Scheißkolonne« verbrachte ich diese zwei Wochen im Strafblock.

Ein Entweichen aus dem Strafblock war nicht möglich, da auch in der geringen Freizeit der abgetrennte Bereich nicht verlassen werden durfte. Außerdem wurden die täglichen Appelle vom übrigen Lager abgetrennt durchgeführt. So gab es praktisch keine Möglichkeit, kameradschaftliche Hilfe oder Unterstützung durch Gleichgesinnte zu erhalten. Man war völlig allein und auf sich selbst gestellt.

Meine 17-jährige Freundin, Hilde Friedmann, (ihre Eltern waren Deutsche, der Vater Jude, die Mutter Christin) erlebte zweimal die Tortur der Prügelstrafe. In einem Raum des Arrestbaus in Ravensbrück stand der berüchtigte und gefürchtete Prügelbock. Nackt wurde Hilde darüber gezogen. In Gegenwart von SS-Leuten, dem Lagerführer Suhren und der Oberaufseherin Holthöfer schlugen zwei »gekaufte Häftlinge« auf sie ein. Mit der Stoppuhr bekam sie 25 Schläge »auf den Arsch« (Amtssprache!) und auf den Unterleib.

meine Freundin Hilde Friedmann

.. eine deutsche Halbjüdin
auf unserem Todesmarsch
verschollen...

Als wir sie im Block in Empfang nahmen, hing die Haut von der Nierengegend herunter, sie blutete, hatte rasende Schmerzen – und wir hatten für sie nichts, womit wir die Wunden verbinden konnten. Und warum bekam sie diese Strafe? Ihr Jugendfreund war Jude und konnte Deutschland rechtzeitig verlassen. Man wollte von ihr Näheres über seinen Aufenthaltsort erfahren, aber sie verweigerte jede Aussage. Ob sie ihn jemals später wiedergesehen hat; ich weiß es nicht!

Der Prügelbock war im ganzen Lager gefürchtet, und wie leicht konnte die Meldung der Blockältesten für irgendeine Kleinigkeit diese Strafe zur Folge haben. Dabei mußte der SS-Arzt die Schnelligkeit der Schläge bestimmen, indem er dem Häftling, der die Stockhiebe bekam, den Puls fühlte. Man wollte, daß der Häftling nicht stirbt, sondern die volle Strafe erleidet.

Andere Häftlinge wurden zur Strafe in den Bunker geschickt. Das bedeutete ein kleines, feuchtes Verlies im Keller, alle drei Tage ein bißchen Wassersuppe, kaum Brot und Wasser, kein Licht, harter Beton als Schlafstelle, dazu Ungeziefer und sogar Ratten. Die Frauen magerten zu Skeletten ab, der Körper bestand von oben bis unten aus eitrigen Wunden. Der Bunker in Ravensbrück hatte 80 Zellen in zwei Stockwerken. Häufig wurde das an der Wand befestigte Holzbrett verschlossen und nicht heruntergelassen als zusätzliche Strafe. – Viele starben im Bunker auch an Erfrierungen.

Frau Schwarz, der ich nach Auflösung des Lagers auf dem sogenannten Todesmarsch begegnete und die vor 1933 eine bekannte Rednerin im Berliner Rundfunk war, erzählte mir von der Wasserstrafe, die sie selbst erleiden mußte: »Man wird nachts in einen wasserdichten Zylinder gestellt, und langsam steigt das kalte Wasser von unten auf bis zur Mundhöhle. Drei Tage mußte ich so darin stehen, konnte mich nicht rühren – und habe es aus Liebe zu meinem Mann ausgehalten, über den ich jede Aussage verweigerte.« Frau Schwarz war ebenfalls sieben Monate in Dunkelhaft, und ihre »Blindheit« ist wie ein Wunder wieder von ihr gewichen.

Immer wieder gab es sogenannte »Sterbetabletten«, wie wir es nannten, wenn eine kleine Ursache Anlaß gab zu Lagerstrafen, wie drei Tage Kostentzug, Strafestehen, Strafmarschieren, Strafarbeit u.ä. So wie es ein großes Verbrechen war, ein Jude zu sein oder eine katholische Klosterschwester, eine Polin oder mit einem Ausländer verlobt zu sein, – so war es strafwürdig, im Lager an bestimmten Tagen ein Kopftuch zu tragen, sich eingehängt auf der Lagerstraße sehen zu lassen, einem anderen etwas zu schenken, oder ein Geschenk zu erhalten, eine Atempause bei der schweren Arbeit einzulegen, – all das hatte, wenn man erwischt wurde, schreckliche Strafen zur Folge. Ich selbst habe mitbekommen, wie drei Klosterfrauen beim Rosenkranzbeten überrascht wurden und in den tiefsten Dunkelbunker unter der Erde kamen, wo sie verhungerten. Einmal sah ich, wie der Kommandant eine Tschechin schlug, die ihn voll Verachtung ansah. Sie erlaubte sich, im Tschechischen, einer ihm unverständlichen Sprache, einen furchtbaren Fluch auszusprechen, etwa dem Sinn nach, daß all die Schläge, die er den Frauen erteilte, auf seine Kinder kommen mögen. Weil er aus dem Ton ihrer Entgegnung Schlimmes ahnte, schlug er ihr die vorde-

.... gefoltert, gequält,
verspottet, geblendet!........
ISK 96

ren Zähne ein. Schrecklich sah diese arme Frau aus, die in ihrer Verbitterung diese harten Worte fand.

Einmal beschuldigte man mich eines Diebstahls. Es war eine Verleumdung einer verkommenen asozialen Frau, der ich schon durch mein Dasein ein Dorn im Auge war. Diese Verleumdung war dem Lagerkommandanten willkommen, kannte er mich doch schon durch ein zweites Verhör, als eine, die sich nicht umschulen ließ, und die bei ihrem katholischen Glauben bleiben wollte. Damals sagte er spöttisch: »Sind Sie immer noch so streng katholisch?«, und auf mein »Ja« hin schlug mich mit seinen Händen fast bis zur Bewußtlosigkeit und ließ mich dann hinauswerfen. Anschließend knallte die Aufseherin Holthöfer, die mich zurückbringen sollte, mir noch eine kräftig ins ohnehin angeschwollene Gesicht mit der Bemerkung: »So, damit Sie Christenschwein endlich einmal umgeschult sind.«

Bei all dem kann man nicht außer Acht lassen, wie doch das Böse soviel Gutes auslöste, ja, wie dort, in diesem konzentrierten Menschenballen, Sünder und Heilige unter gleichen Umständen ihr Ziel zu erreichen suchten. Man konnte wunderbare Nächstenliebe erfahren, und man konnte beobachten, wie das Laster fürchterlich wütete, wie doch Sünde wieder Sünde gebiert, so daß das alte Sprichwort »Ohne Gott kein Gebot« sich hier in diesem Chaos bewahrheitete.

Ärzte und Krankenrevier

Gefangen und krank, das war schlimmer als tot. Ich kannte die SS-Ärzte Dr. Sonntag, Dr. Rosenthal, Dr. Schiedlausky und kenne auch Frau Dr. Oberhäuser. Sie führten ein Schreckensregiment, sie bestimmten das Weiterleben unter dem Aspekt des Nützlichen. Können Sie sich Ärzte vorstellen, die mit einem Stock in den Eiterwunden der Häftlinge herumkratzten, die, ohne daß es notwendig war, ihnen Beine und Arme amputierten, 25 Stockhiebe verordneten, Giftspritzen gaben, sie in die Gaskammer schickten, also entschieden, ob ein KZ-Insasse leben darf oder sterben muß. So waren die Ärzte im KZ im allgemeinen von den Häftlingen mehr gefürchtet, als daß man von ihnen Hilfe in Krankheiten erwartet hätte. Viele Häftling haben versucht, lieber ihre Leiden zu verschweigen, als einen Arzt aufzusuchen.

Ich gehörte zu den Inhaftierten, die zum Zahnarzt kommandiert wurden, ohne daß ich Zahnschmerzen hatte. So erging es auch anderen Häftlingen. Der Reihe nach wurde jede einzelne zu einer angeblich zahnärztlichen Behandlung vorgeführt. Dann aber wurden mir zwei gesunde Eckzähne im Oberkiefer ohne Narkose herausgerissen, ohne jede Erklärung. (Dr. Sonntag) Mit Fieber ging es zurück in Baracke Nr. 6. Noch einmal geschah mir ähnliches! Wieder mußte ich zum Zahnziehen, wobei zwei Zähne im Unterkiefer wahllos herausgerissen wurden.

Mehr als einmal wurde ich ins Krankenrevier geschickt mit hohem Fieber, lag dort in der Koje. Hustenanfälle, Rippenfellentzündung kamen dazu, aber ärztliche Hilfe gab es nicht oder kaum. Auch meiner Kameradin, Frau Dr. Gertrud Luckner, die sehr krank neben mir im Revier lag, half kein Arzt. Aber ich habe mit den Händen die größten Eiterbeulen auf ihrem Rücken ausgekratzt. Es gab ja nichts, kein Verbandszeug, kein Papier, keine Salben. Doch sie hat überlebt!

Als das Lager gegen Kriegsende immer mehr überfüllt war, lagen Kranke und auch Schwerkranke im Revier zu mehreren zusammengepfercht auf den Holzpritschen. So kam es häufig vor, daß neben einem kranken Häftling eine andere Frau starb. Die Leiche wurde von uns Noch-Lebenden von der Pritsche in den Gang hinuntergeworfen.

Die Kranken, die nicht zur Arbeit gehen konnten, blieben in dem Block zurück und wurden von dort durch SS-Helferinnen zum Revier kommandiert. Im Revier mußten sie häufig zu hunderten stehen und draußen warten, und zwar barfuß, da das Betreten des Reviers mit Schuhen nicht erlaubt war. Dadurch verschlimmerte sich der Zustand der Kranken erst recht. – Bei Reihenuntersuchungen standen wir ebenso manchmal stundenlang nackt im Freien, ob bei Regen, Schnee oder praller Sonne. »Ach, erhalten wir doch wieder einige Sterbetabletten« sagten wir uns gegenseitig, denn so bezeichneten wir diese Art der Mißhandlungen und Quälereien durch die SS-Ärzte.

Ursprünglich war es Aufgabe des Krankenreviers, die Häftlinge nur mit den allernotwendigsten Medikamenten zu versorgen und sie nur soweit zu behandeln, daß ihre Arbeitsfähigkeit wieder einigermaßen hergestellt wurde.

Warum, o Gott,
gerade ich?

Sr. Th. '89

Das änderte sich gegen Ende des Krieges. Ab Ende 1944/Anfang 1945, als das Lager ständig überfüllt war durch Häftlings-Transporte aus Auschwitz und anderen östlich gelegenen Konzentrationslagern, wurde auf Befehl aus Berlin den meisten Schwerkranken die Todesspritze verabreicht, oder sie mußten ein Pulver einnehmen, das ein qualvolles Sterben zu Folge hatte. Wer zu jener Zeit im Revier lag, hatte wenig Chancen zu überleben.

Die typischen Lagerkrankheiten waren: Angina, Lungenentzündung, Nierenleiden, Rheumatismus. Wegen der schlechten Ernährung bekamen viele Frauen Durchfall und Typhus, außerdem Abszesse und Geschwüre. Allein an Typhus starben noch in den letzten drei Monaten ca. 4000 Frauen in Ravensbrück. Auch ich litt an allen diesen Krankheiten, meistens mit hohem Fieber. Drei- bis viermal war ich im Krankenrevier, das ich nur überstand durch die Hilfe meiner besten Freundin Eva Laubhardt, die mir zusätzlich etwas zum Essen brachte, um mich damit wieder ein wenig zu stärken, mich aus dem Revier herausholte und mich zunächst versteckte bis zum abendlichen Zählappell. Durch das lange Appellstehen im Winter und die Kälte in den ungeheizten Schlafräumen hatte ich Erfrierungen an den Beinen mit offenen Stellen, dazu schmerzhaftes Gelenkrheuma.

Eine Folge der unzulänglichen Ernährung war die Avitaminose, eine Krankheit, bei der es aus Fußzehen und Fingernägeln herauseitert und an der ich wie viele andere Häftlinge erkrankt war. Es roch bestialisch! Wegen des schlechten Gesundheitszustandes und der fortdauernden mangelhaften Ernährung war eine durchgreifende Heilung in der KZ-Zeit nicht möglich.

Obgleich meine Haare nach dem Kahlschnitt zu Beginn wieder ganz schön gewachsen waren, gaben sie doch nicht genug Wärme als Schutz gegen eine Mittelohrentzündung, die ein Jahr lang andauerte und bei der Tag und Nacht der Eiter aus den Ohren lief. Eine französische Fachärztin aus Paris, ebenfalls Häftling in Ravensbrück, kam täglich zu mir, um meiner Mittelohrentzündung ein wenig abzuhelfen. Sie hat mit dem Röhrchen einer gebrauchten Spritze den Eiter aus meinen Ohren abgesaugt und damit mir jeden Tag eine gewisse Linderung verschafft.

Es gab auch Ärztinnen, die versuchten, den Häftlingen zu helfen und die mutig genug waren, sich über manche Anweisung der SS-Ärzte hinwegzusetzen. Als ich an Wundrose erkrankte, hat eine Ärztin mir Spritzen gegen die Krankheit verabreicht und damit wohl mein Leben gerettet. Welche Ärztin es war, und woher sie diese Spritzen bekommen hat, weiß ich nicht. Vermutlich hatte sie Zugang zu den Medikamenten des Lagers.

Unmenschlichkeit und Bestialität zeigten die SS-Ärzte bei den pseudo-wissenschaftlichen Versuchen an Häftlingen. Der Reichsarzt der SS, Dr. Grawitz, der für die Experimente mit Menschen verantwortlich war, ordnete 1942 die Infizierung weiblicher Häftlinge des Konzentrationslagers Ravensbrück mit »Staphylokokken«, »Gasbrandbazillen«, Tetanusbazillen« und »Erreger-Mischkulturen« an, um die Heilwirkung von Sulfonamiden festzustellen. Die Ausführung dieser Versuche im Lager oblag den SS-Ärzten Dr. Schiedlausky, Dr. Rosenthal und Dr. Herta Oberhäuser.[6]

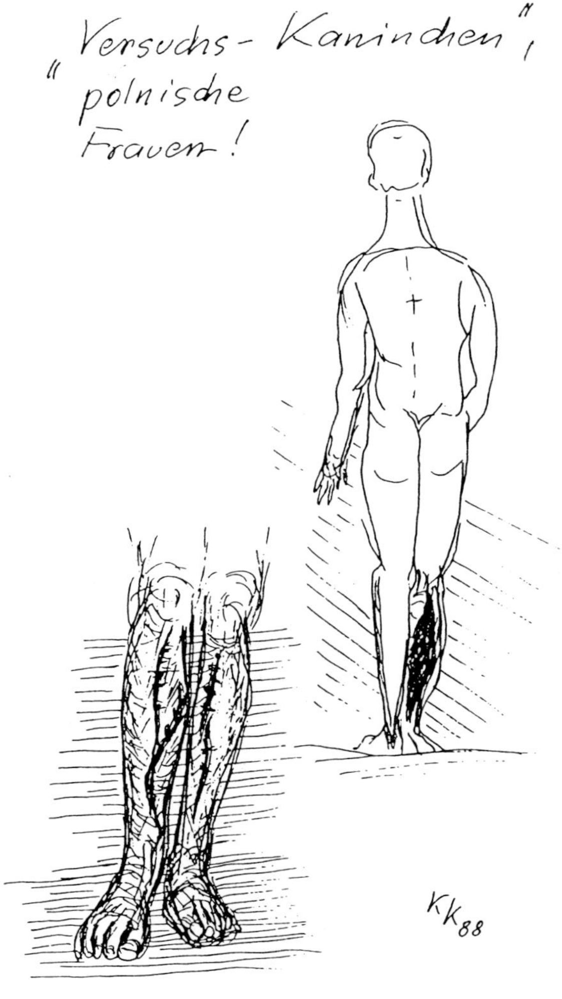
"Versuchs-Kaninchen",
"polnische
Frauen!
KK 88

Diese Versuche wurden fast ausschließlich an polnischen Frauen durchgeführt. Die Frauen, denen man nicht sagte, was man mit ihnen vorhatte, erhielten einen langen tiefen Einschnitt im Unterschenkel bis auf den Knochen. In diese Wunden setzte man die Bakterien-Kulturen ein. Bei einigen Versuchspersonen fügte man zusätzlich Holzsplitter und Glasscherben hinzu. Die Wunden eiterten sehr rasch und die Häftlinge erlitten unvorstellbare Schmerzen und sehr hohes Fieber. Einige starben unter entsetzlichen Qualen, obwohl man sie hätte retten können.

Auch Knochenverpflanzungen und Muskeloperationen wurden durchgeführt. Da alle diese Experimente zum Tode oder zur Verkrüppelung führten, und fast ausschließlich polnische Frauen betroffen waren, wandte sich eine mutige Gruppe polnischer Häftlinge in einer Petition an den Lagerkommandanten Suhren, in dem sie sich auf das Völkerrecht beriefen, das Versuchsoperationen an Menschen, ohne deren Einwilligung, verbietet. Obwohl es keine Antwort auf diesen Brief gab, unterblieben vorerst weitere medizinische Versuche. SS-Ärzte hatten nicht damit gerechnet, daß die Nachricht über die Versuche mit den Namen der Operierten über die Mauer des KZ in alle Welt ging und daß sogar die Londoner BBC die Meldung brachte. – Als an dem Weihnachtsfest 1944 kleine Pakete aus Rom eintrafen, die ausgerechnet an die Polinnen adressiert waren, die unter den medizinischen Versuchen zu leiden hatten, brach unter der Lagerverwaltung ein großes Erschrecken aus. Man wußte nun, daß selbst der Papst in Rom von diesem entsetzlichen Unrecht erfahren haben mußte. – Dennoch wurden zu einem späteren Zeitpunkt erneut medizinische Versuche an polnischen Häftlingen durchgeführt.

Ich selbst erinnere mich noch gut an die armen polnischen Frauen, deren Beine aufgeschlitzt waren und die kaum noch im Lager zu gehen vermochten.

Kinder im KZ

Selbst vor Kindern machte das grausame SS-Regime nicht Halt und brachte sie, die nach der damaligen nationalsozialistischen Auffassung einer »artfremden, minderwertigen Rasse« angehörten, gewaltsam in das Konzentrationslager Ravensbrück. Schon 1939 kamen die ersten Kinder von Sinti und Roma ins Lager, die zusammen mit ihren Müttern aus Österreich verschleppt worden waren, darunter auch ganz kleine Kinder von 1 – 2 Jahren. Auch Jüdinnen wurden zum Teil mit ihren Kindern nach Ravensbrück gebracht.

Von Frühjahr 1942 an wurden fast bei jedem Transport, der Ausländerinnen brachte, auch Kinder, kleine und größere Mädchen und Jungen, in das Lager eingeliefert. Sie kamen aus Österreich und aus Ländern, die von der deutschen Wehrmacht erobert worden waren, aus Polen und der Tschechoslowakei, später aus den Niederlanden, Belgien, Frankreich, Rußland und Jugoslawien. Die Mütter, darunter auch ungarische Jüdinnen, wurden mit ihren Kindern in Ravensbrück inhaftiert. Die Holländerinnen brachten beispielsweise 140 Töchter und Söhne mit, darunter auch Kleinstkinder. Alle diese Kinder mußten – wie ihre Mütter – die entsetzlichen Zustände des Lagerlebens ertragen, sie litten ebenso unter Hunger und Kälte, unter dem Ungeziefer und der fürchterlichen Enge in den Baracken. Bei den oft stundenlangen Stehappellen mußten sie neben ihren Müttern stehen, unabhängig davon, ob es regnete, schneite oder fror.

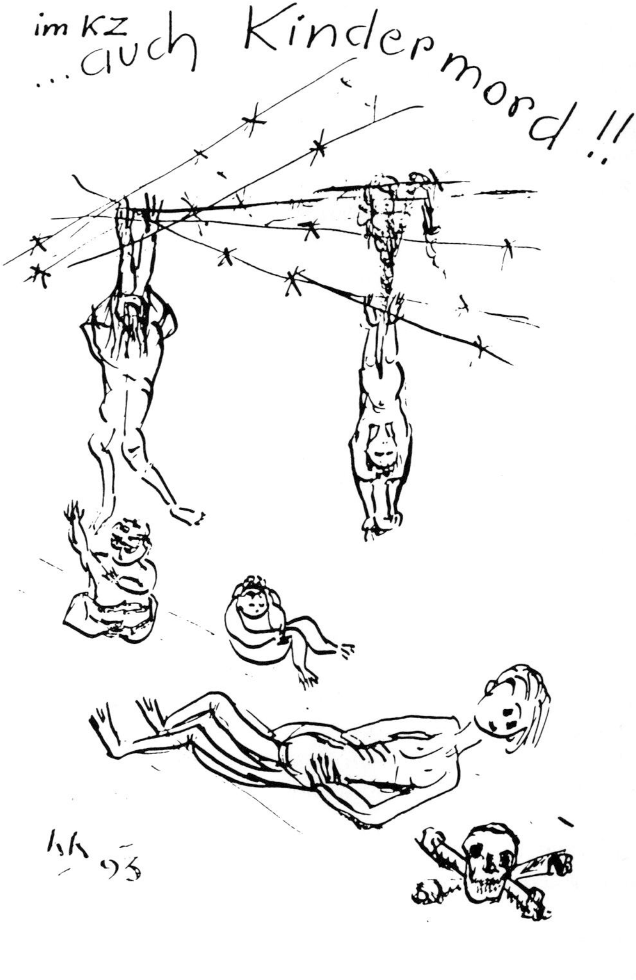

im KZ
... auch Kindermord !!

Es gab auch Waisenkinder in Ravensbrück, die hier ihre Eltern verloren hatten oder auf dem Transport von ihnen getrennt worden waren. Manche von ihnen fanden unter den Häftlingen eine »Lagermutter«, die sich wie eine leibliche Mutter ihrer annahm, bei der sie schliefen und neben der sie beim Appell stehen konnten. Für die Aufseher und Aufseherinnen bedeuteten die Kinder im Lager nur unnötiger Ballast und zusätzliche Esser, die außerdem noch Unruhe brachten. Dementsprechend wurden sie auch behandelt. Die Aufseherinnen waren zu den Kindern ebenso rücksichtslos und brutal wie zu ihren Müttern. Häftlinge, die schon länger da waren, erzählten, daß sie auch Kinder im Lager beim Spiel erlebt hätten, was offiziell verboten war. Ich selbst habe die Kinder immer nur im Lager herumlaufen und rennen sehen. Sie waren im allgemeinen schneller als die SS-Aufseherinnen, denen sie wegrannten, meistens mit Erfolg. – Außerdem sammelten sie sich zu kleinen Horden und überfielen, wie schon erwähnt, die Träger-Kolonnen, die die Eßkübel brachten, um so an zusätzliche Nahrung heranzukommen. Auch versuchten sie, den Häftlingen das Brot wegzuklauen. Manches Mal mußte ich mit ansehen, wie es zu Schlägereien zwischen Kindern und Erwachsenen kam. – Aber die harten und fürchterlichen Bedingungen des Lagerlebens verlangten auch schon von diesen Kleinen Draufgängertum und Durchsetzungsvermögen, um zu überleben.

Die größeren Kinder, angefangen bei den Neun- bis Zehnjährigen, schickte die SS in die Rüstungsbetriebe. Dort mußten sie – gleich den Erwachsenen – in zwölfstündiger Tag- und Nachtschicht arbeiten, – hungernd, frierend und todmüde. Viele dieser jungen Menschen erlagen den katastrophalen Verhältnissen im Lager, der Unterernährung und den zu hohen Belastungen in den Betrieben.

Von den Säuglingen, die im Lager geboren wurden, wurde keiner älter als vier Wochen, die meisten starben schon nach wenigen Stunden oder Tagen. Eine meiner Mithäftlinge, Schwester Felixina aus dem Konvent der Barmherzigen Schwestern (Elsaß), hat nicht weniger als 100 Neugeborenen im KZ die Nottaufe gespendet. Die Mehrzahl der Säuglinge war schon ganz blau bei der Geburt, andere kamen als Totgeburten zur Welt.

Wie sollten die Säuglinge auch überleben? Die Mütter mußten bis zur Entbindung schwer arbeiten. Sie waren völlig erschöpft und unterernährt und daher nicht in der Lage, ihre Kinder zu stillen. Es gab nicht einmal einen geheizten Raum für die Säuglinge. Niemand von der Lagerleitung oder dem Aufsichtspersonal nahm sich der Babys an und versorgte sie, wenn die Mütter in ihrer Kolonne zur Arbeit gingen oder oft lange beim Appell draußen stehen mußten. So sehr die Frauen sich auch Mühe gaben – die Neugeborenen starben nach wenigen Tagen. In den Aufzeichnungen, die nach der Befreiung des KZ Ravensbrück gefunden wurden, ist nachgewiesen, daß von 1943 bis 1945 etwa 870 Kinder im Lager auf die Welt kamen. Sie starben alle!

Warum mußten arme, unschuldige Kinder hinter Stacheldraht leben? Ebenso wie ihre Mütter gehörten sie zu denen, die nach der Ideologie und dem Rassenwahn der Nazis als »minderwertig«, als »lebensunwert« galten und daher systematisch ausgerottet werden sollten.

Ein Erlebnis kann ich nicht vergessen. Es war an Pfingsten 1944. Zehn Aufseher und mehrere Aufseherinnen, bewaffnet und von dressierten Hunden begleitet, holten unsere Kinder aus den Baracken, angeblich zu einem »Pfingstausflug«. Die Erwachsenen durften zu dieser Stunde die Baracken nicht verlassen. Der sogenannte Pfingstausflug war eine kurze Omnibusfahrt bis zu den Gaskammern, in die die Kinder geführt wurden. Früher als sonst flackerten die Flammen aus den zwei Schornsteinen. Meine kleine Freundin aus Holland (Marion Schorn), erst neun Jahre alt, war auch dabei.

Freundschaften

Nach mehreren Wochen Quarantäne im Zugangsblock saß abgemagert und gekrümmt eine, wie ich zunächst meinte, Unbekannte neben mir. Doch plötzlich erkannte ich an ihrer Stimme, daß es Frau Dr. Gertrud Luckner aus Freiburg war. Ich kannte sie aus der Zeit meines Studiums in Freiburg, weil ich ihr täglich per Rad in der Talstraße begegnet war. Ich wußte, daß sie im Werthmannhaus (Caritas-Zentrum der Welt) ihr Büro hatte, wo sie als Referentin für christlich-jüdische Oekumene die »Freiburger Rundbriefe« herausgab. Durch sie wurde ich im Lager mit einem Freundeskreis bekanntgemacht, u.a. mit Schwester Placida, OSB, mit ihrem weltlichen Namen Eva Laubhardt genannt. Sobald Fliegeralarm war und die SS sich während der Bombenabwürfe auf Berlin in ihren eigenen Bunkern in Sicherheit brachte, nutzten wir die Gelegenheit, uns auf einer hinteren Lagerstraße zu treffen, um Nachrichten auszutauschen, um uns gegenseitig zu ermutigen und auch um Texte der Heiligen Schrift und Gebete zu sprechen. Wir hatten keine Angst vor dem Fliegeralarm, wir Häftlinge brauchten im KZ-Lager keine Feindbomben zu fürchten!

Wenn möglich, versuchten wir, uns regelmäßig auch am Sonntagmorgen auf der hinteren Lagerstraße zu Meßgebeten zu treffen. Wir waren ca. sechs bis acht Frauen, die sich zusammenfanden, um Psalmen, Schrifttexte oder formulierte Gebete auswendig aufzusagen. Das engere Team waren wir drei: Luckner, Laubhardt und ich. Die Ordo konnte ich in deutsch auswendig und betete sie, Eva Laubhardt trug die Tagestexte vor. Die evangelischen Kameradinnen kannten vorwiegend Texte der Heiligen Schrift auswendig, die Jüdinnen Psalmen. Zwei Jüdinnen, die sich in diesem Inferno mit dem Gedanken trugen, zum Christentum überzutreten, gesellten sich zu unserer Runde; es waren Frau Freud und Frau Nüßler. Diese Treffen haben uns sehr gestärkt. Mit Gleichgesinnten zusammen zu sein, gab inneren Halt und die Kraft zum Durchhalten. Der Wille, sein Leben Gott anzuvertrauen, verlieh seelische Ruhe und Gelassenheit.

Gerne ging ich an Sonntagen mitunter auch unter der Woche heimlich am Abend zu Treffen mit Französinnen und Holländerinnen, die ähnlich wie wir sich zu gemeinsamen Gebeten trafen. Sie kannten sogar Teile des Propriums der heiligen Messe für verschiedene Tage auswendig. Wir beteten französisch, polnisch, deutsch, englisch, holländisch in kleinen Gruppen – damit ja kein Aufsehen erregt wurde, – ganz oben zwischen den aufgestapelten Strohsäcken in einem verborgenen Winkel dieses Lagers. Schon vorher dachten wir uns eine Ausrede aus – falls man uns fragen sollte – was uns in dieses verborgene Versteck geführt hatte. Nach diesen Treffen fühlten wir häufig einen Frieden in unseren Herzen, »wie ihn die Welt nicht zu geben vermag.«

Einmal, es war im Sommer, als ich bei Siemens in der Munitionsfabrik arbeitete, beteten wir leise mit den Französinnen. Wir bemerkten nicht die so gefürchtete Aufseherin. Sie fragte erbost, was wir trieben, und eine antwortete frei heraus: »Wir lernen ein wenig Französisch.« Ja, um Gottes Willen, das war doch auch verboten, aber zum Glück machte diese Aufseherin abends keine »Meldung«. So blieben wir verschont.

Abends standen wir manches Mal alle im Waschraum ohne Kleider, rings herum die Bewachung, freche Kerls, die sich sadistisch an unserer Nacktheit erfreuten – und wir standen nebeneinander am Waschbecken und tauschten heimlich unsere religiösen Gedanken aus. Eine weitere Gelegenheit dazu bot sich nachts an, wenn wir oft zu zehn Frauen auf drei Strohsäcken zusammengedrängt lagen.

Aber eine Tröstung, wie in dem einen oder anderen KZ-Lager, wo es einen Priester gab und wo heimlich eine heilige Messe gefeiert werden konnte, wurde uns nicht zuteil. In unserem Lager war es schwer, ohne Büchererlaubnis, ohne Sakramente und ohne Priester »im Geist und in der Wahrheit« zu verharren.

Besonders gerne erinnere ich mich an das gute »Muttchen Thema«, eine Frau von etwa 60 Jahren, die schon seit vier Jahren im Lager Ravensbrück als Häftling lebte. Sie kam aus Winterberg in Böhmen. Wegen ihres Alters gehörte sie zu den Strickerinnen in Ravensbrück, die von morgens bis abends Strümpfe für die Soldaten an der Front stricken mußten. Wenn man das hört, so denkt ein Unwissender: »Ach, das ist doch gar nicht schlimm.« Aber er darf nicht vergessen, daß da hundert Frauen in einem Raum von morgens bis abends alles Mögliche durcheinander erzählten und immer wieder dasselbe. Das kostete viel Nervenkraft. Aber Muttchen Thema hatte immer das gleiche Lächeln, obwohl sie ihre Söhne in diesem furchtbaren

Krieg verloren hatte, ihr Mann verstorben war, und ihr geistlicher Sohn Johann seit langem in KZ-Haft in Dachau leben mußte. – Sie betete immer den Rosenkranz, und mit einer gewissen Bauernschläue verstand sie es auch, Gebetstexte zu sammeln und in der tiefen Rocktasche zu verbergen. Ihr faltiges Gesicht zeigte Strenge, gepaart mit Güte, und die schmalen Lippen ihres Mundes verrieten Energie und stete Beherrschung. Aus tiefen Augenhöhlen strahlten ruhig die stillen blaugrauen Augen ihrer reinen und geklärten Seele. Sie stammte aus Böhmen und wurde am Weihnachtsfest 1940 verhaftet, weil sie mit ihrer Familie den Sender »Vatikan« gehört hatte und verraten worden war. Wenn die inneren und äußeren Versuchungen allzustark drohten und ich von Haß und Verzweiflung gepackt wurde, suchte ich mir gerne Beistand bei Muttchen Thema, die mich in ihr Beten einschloß. Sie war eine von denjenigen, die sich vom Leid nicht die Liebe zerschlagen ließen. Mir wurde bei ihr ein Stückchen Heimat zuteil.

Besonders viel, ja eigentlich mein Leben, verdanke ich meiner Mitgefangenen Eva Laubhardt. (Schwester Placida) Denn als ich mit hohem Fieber immer wieder schlapp machte und schwerkrank im Revier daniederlag, brachte sie mir heimlich etwas zu essen oder trinken – woher sie das organisiert hatte, weiß ich nicht – und möbelte mich damit auf. Auch beim Zählappell vertrat sie mich in der Reihe, wenn sie sah, daß ich fehlte, und schlüpfte dann als recht kleine Person unauffällig wieder in ihre Reihe in den anderen Block. Somit stimmten immer beim Appell die Zahlen unseres und ihres Blocks. Daß das nicht aufgefallen ist, ist mir bis heute noch ein Rätsel. Sie war im KZ, weil sie Halbjüdin war. Sieben ihrer Geschwister sind in Auschwitz umgekommen.

Psychische Verfassung der Häftlinge

Im allgemeinen hatte ich meinen ererbten Frohsinn erhalten und konnte Mithäftlinge aufmuntern und sogar hier und da zum Lachen bringen. Angst vor der SS hatte ich nicht und reagierte oft mit entsprechend schlagfertigen Antworten. Deshalb mußte ich einige Male in die vorderen Büros des KZ kommen, wo ich nach meinem politischem Standpunkt befragt wurde. Man sagte mir, wenn ich meinen politischen und religiösen Standpunkt aufgäbe und in die Partei einträte, könnte ich sofort freikommen, müsse mich dann aber einordnen in die Reihen der »braunen Schwestern«.

Da ich dazu nicht bereit war und widerstand, wurde mir jedes Mal mit dem Tod gedroht. Auf dem Rückweg zu meinem Block 6 wurde ich von der Aufseherin Binz erwartet und mit Stockschlägen zurückgetrieben, unter Rufen wie: »Sauweib« und anderen Schimpfworten. Die SS-Helferin Binz war von allen gefürchtet; auf mich hatte sie es ganz besonders abgesehen.

Manches Mal hockten wir bei Kälte, Feuchtigkeit, Nebel und Schlaflosigkeit enggedrängt in den Kojen nebeneinander und übereinander, mit Heimweh, Depressionen und Tränen.

Der Gedanke an den Tod wurde uns immer mehr vertraut, wir sehnten uns fast nach ihm. Einige von uns wünschten sich, nur noch einmal nach Hause zu gelangen, um dort sterben zu dürfen, andere wollten noch leben, um wenigstens noch einmal ihre Kinder zu sehen.

Auch Glaubenszweifel schlichen sich ein. Gibt es wirklich ein Jenseits? Da liegen die Leichen aufeinander wie Unkraut zum Verbrennen. Werden ihre Seelen ewig leben? Hat ein Gottessohn die Menschen erlöst, die doch hier so fürchterlich und sinnlos leiden müssen? Ist es wirklich so, daß Gott um mein Schicksal weiß, oder hat er mich ganz und gar vergessen? Gibt es dann überhaupt eine himmlische Heimat, für deren Erreichung es sich rentiert, die irdische Heimat zu verlassen? So wechselten die Gedanken und Zweifel mit Bitten- und Flehrufen an Gott! – Es kam die Erfahrung von selber, daß nur durch seine Liebe die Menschen die Kraft haben, sich untereinander lieben zu können, – aber seine Feinde zu lieben, wie es das christliche Gebot vorsah, das war fast zu schwer in dieser Hölle.

Eigentlich hatten wir alle keinen Lebensmut mehr, so wie wir dahinvegetierten, und wenn wir an dem elektrisch geladenen Stacheldraht an der 7 m hohen Mauer entlangmarschieren mußten, sahen wir in unserer Erinnerung die, die sich dort schon aufgehängt hatten und wunderten uns nicht über neue Selbstmorde am Draht aus unseren Reihen. Ich konnte nicht dafür garantieren, daß ich es vielleicht demnächst auch nachmachen würde. Eigentlich staunte ich über mich selbst, daß mein heiteres Gemüt immer mal wieder durchbrach, und ich Zuversicht spürte bei dem Gedanken, Gott meine Zukunft zu überlassen. Wenn wir uns nicht fortwährend getragen gefühlt hätten in dem Bewußtsein, daß unsere Lieben daheim viel für uns beteten – ich habe es oft spürbar empfunden – dann wären wir vor Elend und Heimatlosigkeit zugrundegegangen.

Erfrierungstod möglich
KK/'89

Die Leiden und Peinigungen wurden von einem gläubigen Christen ganz anders getragen und überwunden, als von einem Ungläubigen. Wir Christen wußten, daß wir durch unser Leid und unser Kreuz teilnehmen am Erlösungswerk Christi. »Haben sie mich verfolgt, so werden sie auch euch verfolgen.« Meine ganze Sorge durfte nicht meinem persönlichen Wohlergehen gelten, sondern ich war als Christ gehalten, Leid stellvertretend für andere auf mich zu nehmen. Das war das Gebot Christi.

So trugen wir Freude und Frieden in unseren Herzen, in der Hoffnung auf die Verheißungen Christi, wie Johannes sie in der Geheimen Offenbarung beschreibt: »Er wird jede Träne wegwischen von ihren Augen; der Tod wird nicht mehr sein und nicht Trauer und Klage und Mühsal; denn das Frühere ist vergangen.... Siehe ich mache alles neu.«

Am besten gelang es den Häftlingen, diese entsetzliche Zeit im Lager ohne größere seelische Schäden zu überstehen, die einen festen Willen zum Überleben und einen starken Charakter hatten. Das galt besonders für Häftlinge, die eine weltanschauliche Bindung hatten und die dadurch inneren Halt bei Gleichgesinnten fanden, seien es Christinnen, Jüdinnen oder Kommunistinnen. Auch die Frauen gleicher Nationalität, z.B. Französinnen, Holländerinnen, Polinnen oder Russinnen, fühlten sich verbunden. Durch den Zusammenhalt stützten sie sich gegenseitig.

Wichtig zum Überleben im KZ-Lager waren vor allem die Gruppen (weltanschauliche, nationale, gesinnungs-

„nur die nordische Rasse darf im 1000-jährigen Hitlerreich überleben!"

gleiche) übersteigende Kameradschaft, Solidarität und Hilfsbereitschaft der Häftlinge.

Selbst politische oder weltanschauliche Gegensätze, wie z.B. zwischen Christen und Kommunisten wurden durch Toleranz, Verständnis wohlwollend überwunden. Es war der geschundene, geknechtete Mensch, der dem anderen geschundenen und geknechteten Menschen gegenüberstand. Jeder war auf die Hilfe des anderen angewiesen, einfach um überleben zu können: ob es ein aufmunternder Blick war, ein geflüstertes Wort, eine Stütze beim Appellstehen, ein stummer Händedruck, ein Befeuchten der fieberheißen Lippen, das Zustecken eines Stückchen Brotes von der eigenen kargen Ration.

Es machte Mut weiter zu leben, einfach nicht aufzugeben.

Es war das Erleben der Liebe: Liebe empfangen und Liebe geben, was die Menschen in einer von tödlichem Haß erfüllten Umgebung immer wieder aufrichtete.

Dennoch gab es Situationen, die den Menschen dazu brachten, jeglichen Lebensmut sinken zu lassen.. Insgesamt gesehen, befand man sich im Lager in einer Grenzsituation. Die unmenschlichen Bedingungen und die totale Erschöpfung durch Schwerstarbeit, verbunden mit unzureichender Ernährung, dazu die ständige Angst vor weiteren Schikanen und Grausamkeiten, ließen die Gefühle abstumpfen. Man war einfach nicht immer in der Lage, an fremden Schicksalen echt teilzunehmen, mitzuleiden und mitzuempfinden. Eine gewisse Gleichgültigkeit nahm hin und wieder Platz; man hat dann

Keiner weiß, warum ...
KK89

niemanden mehr richtig bedauert. Das Leid hatte hier das Maß des Erträglichen überstiegen. Doch diese Zustände wechselten mit guten Momenten.

Leider waren nicht alle Häftlinge den Schikanen gewachsen. Wenn sie nicht aus Willkür erschossen, in der Gaskammer umkamen, bei Versuchen getötet wurden oder bei der unmenschlichen Arbeit starben, erhängten sie sich häufig oder machten am elektrischen Zaun ihrem Leben ein Ende. Körperliche oder seelische Krankheit bedeutete Tod. Nicht nur, daß den kranken Häftlingen keine Hilfe zuteil wurde, sie wurden in Situationen hineingebracht, die den sicheren Tod zur Folge hatten. Einige Beispiele möchte ich erwähnen:

Manche Frauen, besonders die Einzelgänger unter ihnen, aber auch sensible Häftlinge, waren den unvorstellbaren und unmenschlichen Bedingungen des Konzentrationslagers nicht gewachsen. Man konnte beobachten, wie manche Frauen seelisch zerbrachen; sie wurden lethargisch und sanken in tiefe Depression. Die auf diese Weise psychisch erkrankten Frauen hatten ein besonders tragisches Schicksal; sie wurden in das sogenannte »Idiotenstübchen« in Block 10 gebracht, einen kleinen Raum von ca. 3–4 m^2 Größe, wo sie unter den grausamsten Bedingungen ohne Kleidung, ohne Matratzen und ohne Heizung, ihrem Schicksal überlassen wurden. Ein Entrinnen war nicht möglich, eine Entlassung aus dem »Stübchen« die große Ausnahme. Die meisten dieser Frauen wären bei menschlicher Pflege und guter Behandlung wieder gesund geworden.

Andere Häftlinge verloren die Kontrolle über sich, drehten nervlich durch oder wurden verwirrt. Sie kamen hinter grüne Bretterwände auf dem Lagergelände im Freien. Sie wurden entweder nackt im Sand eingegraben oder in kalte, sumpfige Wasserteiche gesetzt. Im ganzen Lager konnte man ihr Schreien hören. Sie hatten keine Chancen mehr. Ein langsamer qualvoller Tod war ihnen beschieden.

Die Mentalität der Häftlinge war sehr verschieden! Was aber alle, ob politisch oder rassisch Verfolgte, durchhalten ließ, war die Hoffnung auf das bevorstehende Kriegsende, weil man dann eine Befreiung aus dem KZ-Lager durch die Siegermächte erwartete und erhoffte. Um die Jahreswende 1944/45 sickerte durch, daß die Alliierten bereits deutschen Boden betreten hatten. Dies war für uns Häftlinge ein Hoffnungsstrahl auf das bevorstehende Kriegsende und damit unsere Befreiung aus dem KZ-Lager. Diese Tatsache ermutigte zu einem weiteren Durchhalten.

KZ – Ravensbrück

Von den über 132.000 Frauen und Kindern, die aus 23 Nationen in Europa nach Ravensbrück verschleppt wurden, überlebten nur ein Drittel. Über 92.000 wurden getötet oder kamen um.

Ende 1944 existierten im deutschen Herrschaftsbereich 28 Haupt-Konzentrationslager mit über 1000 Nebenlagern und über 700.000 Häftlingen, deren Lebensdauer im KZ durchschnittlich 9 Monate betrug.

Ende des Konzentrationslagers Ravensbrück

Anfang März 1945 drang zu uns ins KZ die Nachricht, daß die Rote Armee sich auf dem Vormarsch an der deutschen Ostgrenze befand und viele deutsche Soldaten vor dem Feind flohen. Während im März täglich Transporte aus den Lagern in Polen, die wegen des Vormarsches der Roten Armee aufgelöst wurden, eintrafen, verließen wiederum täglich große Transporte das Lager Ravensbrück. Oft wurde nicht einmal bekannt, wohin die Transporte gingen, was die Unruhe unter den Häftlingen verstärkte.

Auf der Arbeitsstelle hörte ich von den anderen Häftlingen, daß das Jugendschutzlager Uckermark, das sich in der Nähe von Ravensbrück befand, im Herbst 1944 aufgelöst wurde und jetzt zu einem Vernichtungslager umfunktioniert worden sei. Uns wurde gesagt, daß das Lager Ravensbrück viele Zugänge bekäme, daß alte und behinderte Häftlinge von hier in das Lager Uckermark verlegt würden. Im Lager Uckermark sollten sie es besser haben. Wir waren alle sehr mißtrauisch, einmal weil wir von Häftlingen, die das Lager einrichten mußten, erfuhren, daß die Strohsäcke dort auf dem Boden lagen und es nicht einmal Holzgestelle als Betten gab, zum anderen ging diese Anordnung von Lagerkommandant Suhren und Schutzhaftlagerkommandant Schwarzhuber aus. Beide galten als äußerst brutal und wurden von uns allen sehr gefürchtet. – Größer wurde unsere Sorge noch, als wir vernahmen, daß die SS-Sanitäter Rapp und Köhler und die SS-Aufseherin Neudeck in Uckermark zu befehlen hätten.

Noch gut kann ich mich daran erinnern, wie bald die ersten Transporte im Frühjahr 1945 von Ravensbrück nach Uckermark zusammengestellt wurden. Meine Freundin, Maria Heinz aus Wien, erlebte, wie die »Auslese« erfolgte. Sie mußte jedoch in Ravensbrück bleiben. Von ihr erfuhr ich, daß viele ältere Frauen – ein Teil von ihnen gehörte zu den sogenannten »Strickerinnen« – antreten mußten und aussortiert wurden. Keine der Kameradinnen kam aus Uckermark zurück.

Nach den ersten Transporten dieser alten und kranken Kameradinnen nach Uckermark, wurde ein Sondertransport aus Block 10 mit Tuberkulose-Kranken unter Befehl von Standortarzt Dr. Trommer nach Uckermark beordert. Schon als diese Schwerkranken auf die Wagen geladen wurden, ging man nicht gerade schonend mit ihnen um. Man wußte immer noch nichts genaues über das Lager Uckermark. Wir hörten nur, daß es dort keine Betten, keine Decken, keine Öfen, keine Toiletten, ja kein Wasser gäbe; aber Ungeziefer! Der offene Lastwagen fuhr täglich immer öfter zwischen Ravensbrück und Uckermark hin und her. Man flüsterte von Spritzen, weißem Pulver und Gas. Ab März 1945 wußten wir genau: Uckermark bedeutete den sicheren Tod. – Die Transporte gingen dann später nicht mehr nach Uckermark, sondern direkt in die Krematorien von Ravensbrück.

Das Leben im Lager wurde gegen Ende des Krieges immer schwieriger. Die Ernährung war katastrophal,

....ich schuldig?
Notgedrungen war ich doch
nur ein Mitläufer.

S. Th. '91

wochenlang mußten wir nur von einer Suppe aus Kartoffelschalen und einem Minimum des schlechten Brotes leben, so daß wir in unserem Hunger sogar Gras aßen und die schmalen Lederriemen der Holzpantinen kauten. – Immer mehr Menschen wurden ins Lager geschleust, darunter zu Skeletten abgemagerte Frauen aus östlich gelegenen KZ-Lagern. Der Kampf ums Überleben begann. Es gab immer mehr Krankheiten, immer mehr Hunger, immer mehr Tote. Doch, obwohl das Ende des Krieges nahe schien, zogen sich die Tage für uns gefangene Häftlinge unendlich lang hin. Längst erreichten uns keine Briefe und keine Päckchen mehr. In den Rüstungsbetrieben fiel stundenweise der Strom aus.

Ende April vernichtete die SS alle belastenden schriftlichen Unterlagen der politischen Abteilung, wie Krankenlisten und Häftlingsakten.

Transporte kamen und gingen. Das Lager befand sich offensichtlich in Auflösung.

In dieser Zeit, – ich kann mich noch gut erinnern, – wurde ein großer Trupp polnischer Nonnen in zerrissenen und schmutzigen Ordenskleidern eingeliefert. Sie wurden auf einem freien Platz in einem Zelt zusammengepfercht und von der SS scharf bewacht. Es waren mehr als 100 Ordensfrauen aus einem Krankenhaus in Warschau, die aus Angst vor den russischen Bolschewisten sich unter deutschen Schutz gestellt hatten. Dadurch gerieten sie in die Hände der SS, die sie nach Ravensbrück transportierten. Alle Versuche, diesen armen Frauen vielleicht doch noch etwas Brot zukommen zu lassen, wurden von der SS-Aufsicht verhindert. Nach drei schrecklichen Nächten im kalten Zelt auf dem Steinboden, ohne Decken, fanden wir keine der Schwestern mehr vor. Im Lager ging das Gerücht, daß sie für die Gaskammer bestimmt und verbrannt worden seien.

Bei der 50-Jahr Gedenkfeier in Ravensbrück am 23. April 1995 habe ich mit großer Freude drei polnische Schwestern aus dieser Gruppe begrüßen können. Sie berichteten, daß zwölf Schwestern von ihnen in Ravensbrück überlebt hätten und 1945 nach Polen zurückgekehrt seien.

Fast täglich war die Lagerstraße 2 bis 3 Stunden gesperrt, in denen die Lastwagen zwischen Lager, Gaskammer und Krematorien hin- und herpendelten. Ich habe selbst viele Tote gesehen, die man nackt auf einen Haufen geworfen hat. Es wurden auch solche, die noch nicht ganz tot waren, zur Verbrennung gebracht.

Ich gestehe, daß ich bei solchen Anblicken selber fragen mußte: »Gibt es wirklich eine Ewigkeit, einen Gott, eine Gerechtigkeit, die bei diesem himmelschreienden Unrecht für gerechten Ausgleich sorgen wird?«

In diesen letzten Wochen, in denen allen deutlich wurde, daß der Krieg für die Deutschen verloren war, wurden die SS-Aufseher noch grausamer und mordgieriger. Den eigenen Untergang vor Augen, wüteten diese Bestien täglich in betrunkenem Zustand wie wilde Raubtiere unter den Gefangenen. Immer wieder, ja fast täglich, erfolgten in diesen letzten Wochen morgens während des Zähl-Appells Selektionen, bei denen die SS-Aufsicht wahllos oder auch gezielt Häftlinge aus-

Genickschuß

sortierte und zur Exekution oder Vergasung bestimmte, um auf diese Weise die Zahl der Inhaftierten zu verringern. Unsere Nerven waren während dieser Selektionen immer bis auf das Äußerste angespannt, wußte man doch nie, wer dieses Mal ihnen zum Opfer fiele. So wurden z.B. alle Polinnen, an denen medizinische Versuche durchgeführt worden waren, zur Exekution bestimmt, um sie als lebende Zeugen auszulöschen, doch durch einen bewußt ausgelösten Stromausfall konnten einige von ihnen gerettet werden. Aber niemand wußte, wieviele Häftlinge diesen Barbaren noch zum Opfer fallen würden. Die roten Flammen der Krematorien loderten Tag und Nacht zum Himmel, es roch ständig nach verbranntem Fleisch, da ja das Lager in einer Mulde lag, in einem trockengelegten Moor, wo sich Feuchtigkeit, Dämpfe und Nebel fingen. Der Geruch, der aus den Schornsteinen kam, war so ekelerregend, daß er Übelkeit und Erbrechen bei mir und anderen auslöste. Niemand glaubte mehr an eine mögliche Rettung.

Dennoch gelang es dem schwedischen Roten Kreuz Ende April, französische, belgische und skandinavische Häftlinge aus Ravensbrück, die überlebt hatten, zu evakuieren, was nur zugestanden wurde, weil das Kriegsende kurz bevorstand und eine Anbiederung der Naziführung an das westliche Ausland ratsam schien. Im Lager lösten die schwedischen Rote-Kreuz-Busse großes Erstaunen, Unruhe und auch Hoffnung aus. Etwa 200 ausländische, kranke Häftlinge konnten dadurch gerettet werden.

Die Hauptführer des Lagers verließen fluchtartig in einer Nacht- und Nebelaktion das Lager. Feige brachten sie sich in Sicherheit. Über den Geheimsender, der nur von wenigen zuverlässigen Häftlingen abgehört wurde – er war mit Material aus den Siemenswerken gebaut und geheim von Häftlingen im Hauptlager installiert worden – kam die Parole, »die Russen sind nicht mehr weit.« Es galt viel zu beobachten, wenig zu sprechen, nichts zu tun, was gefährlich werden könnte, keine politischen Andeutungen, stillhalten, Ruhe vor dem Sturm!

Gegen Ende April kam der Befehl, daß alle Gefangenen evakuiert werden sollten. Schon vorher waren Vorbereitungen getroffen worden, um das Lager zu sprengen. Man wollte verhindern, daß die Rote Armee einen Einblick in die schreckliche Realität eines deutschen Konzentrationslagers erhielt. Aber einigen Häftlingen gelang es, die Drähte der Sprengladungen zu durchschneiden. Ich selbst habe auch mitgeholfen, Verbindungsdrähte durchzutrennen.

Am folgenden Tag ereilte uns wieder ein neuer Schreck. Aufseherinnen erschienen mit ihren Hunden, und der SS-Mann Pflaum, Leiter des Arbeitseinsatzes, der in den letzten Wochen besonders grausam mit den Häftlingen umging, kam zur Selektion. Er suchte sich willkürlich Opfer heraus, die dann zur Vergasung geschickt wurden. Da – ich konnte nicht mehr weglaufen – stand er dicht neben mir. Er roch nach Alkohol, war aufgeregt und warf mir einen haßerfüllten Blick zu, aber er ließ mich stehen. Andere packte er vorne am Kleid und zerrte sie mit sich. Nur nicht auffallen, sich leise davonmachen, war mein Gedanke. Ihn fortwährend beobachtend, verschwand ich in immer weitere Entfernung aus seinem Gesichtskreis. Noch am Abend wurde dieser Block 28, zu dem ich derzeit gehörte, geräumt. Ich hatte es vorausgeahnt und bin, ohne meine dortige Blockälteste davon zu unterrichten, durch das Fenster entwischt und habe mich in einem anderen Block, in dem Tschechinnen waren, versteckt gehalten.

Mit mir ging ein liebes jüdisches Mädchen aus Stettin, Hilde Friedmann, die schon das 5. Jahr unter der SS in verschiedenen Lagern litt. Ihre Mutter, eine Deutsche, hatte bereits im Jahre 1923 einen jüdischen Mann geheiratet, fiel also eigentlich nicht unter die Bestimmungen der Nürnberger Gesetze, wurde aber bei der Judenaktion in Stettin mit Mann und Kind, – Hilde war damals 17 Jahre alt, – nach Polen verschleppt. Man hat sie nicht gleich vergasen können, weil sie nicht Volljuden wie der Vater waren. Diesen holte man aus dem Ghetto Lublin. Aller Wahrscheinlichkeit nach hat man ihn als Volljuden getötet. Der Verlobte von Hilde gehörte im Geheimen der Roten Armee an; auch ihn hatte man festgenommen. Er konnte jedoch fliehen. Hilde und ihre Mutter waren mit mir zusammen in Ravensbrück eingetroffen. Fälschlich trug die arme Frau einen gelb-schwarzen Winkel: Zeichen für Rassenschande, das außerehelichen Verkehr zwischen Juden und Staatsangehörigen deutschen oder artverwandten Blutes bedeutete, worauf Gefängnis und später sogar die Todesstrafe stand. Ich hatte sie öfters gedrängt, sich doch bei der politischen Leitung zu melden und es richtigzustellen. Sie hat es aus Angst vor der SS-Führung vorerst nicht getan. Erst als die vielen Entlassungen der Asozialen und Kriminellen um die Jahreswende 1944/45 begannen, hatte sie zu einem solchen Gesuch den Mut. Sie wurde dann auch am 30. Januar 1945 entlassen, während sie ihr einziges Kind in dieser Hölle zurücklassen mußte. Ich hatte ihr versprochen, mich um ihre Tochter zu kümmern und lernte diese dadurch auch etwas näher kennen. Sie war ein feines begabtes Mädchen, das man gern haben mußte. In nächtlichen Gesprächen erfuhr ich von ihr, daß sie sich mit dem Gedanken trug, zum Christentum zu konvertieren. Auf ihren Wunsch hin habe ich sie noch im KZ getauft.

Bis jetzt hatte ich es fertiggebracht, Hilde und mich vor diesem furchtbaren Abtransport aus dem Lager zu schützen. Wir lagen in der Nacht vom 25./26. April bei den Tschechinnen in Block 27, unter denen ich gute Freunde hatte. Dieser Block war der letzte, der noch im Lager zurückgeblieben war. Die Lagerstraße zeigte ein Bild der Verwüstung, Stühle, Strohsäcke, kranke Menschen, Schmutz, Tote, alles lag durcheinander auf der Erde. Wir versteckten uns den ganzen Tag hinter den Strohsäcken und berieten, wie wir weiter vorgehen sollten. Wir haben ohne SS uns schon längst selbst organisiert: als diese uns am Abend suchte, war der Block 27 bereits leer. Wir waren alle bei einbrechender Dunkelheit leise herausgekrochen und geordnet, aber heimlich und vorsichtig, in einen schon geräumten und verwüsteten Block für die Nacht hineingeschlichen.

Horchend hockten wir in Schränken und unter Bettgestellen, versteckten uns hinter Brettern und altem Gerümpel. Kein Geräusch durfte sein, sonst wäre die nächtliche Streife aufmerksam geworden. Am Morgen haben wir den letzten SS-Aufsehern, die noch im Lager waren, nicht den Gefallen getan, Aufregung oder unüberlegtes Handeln zu zeigen. Wir standen schon in der Morgenfrühe, als die Sonne ihr Rot vorausschickte, als geordnete Kolonne in Fünferreihen auf der Lagerstraße, jeder mit einer Decke unter dem Arm. Mit Zeichen und Winken hatten wir uns verständigt. Als die SS-Aufseher unsere Kolonne entdeckten, erschienen sie mit Maschinengewehren, und wir rechneten alle einen kurzen Moment mit dem Tod. Aber dann trieben sie uns durch das Tor, und weiter und weiter, immer Richtung Westen.

Ich fand unterwegs ein Paar weggeworfene Schuhe, zog sie an und konnte besser laufen als zuvor, sonst wäre ich wahrscheinlich am Straßenrand liegengeblieben. – Etwa 3000 kranke Frauen und Kinder, die zu geschwächt waren, um sich fortzubewegen, waren im Lager zurückgeblieben. Weil die Sprengladungen durch Unterbrechung der Leitungen außer Betrieb gesetzt waren, konnte die Rote Armee wenig später das Lager Ravensbrück praktisch unzerstört einnehmen und befreien.

Auf dem Todesmarsch

Geschwächt verließen wir das Lager. Wir hatten schon drei Tage keine Suppe mehr bekommen, Brot schon seit 10 Tagen und Kartoffeln seit einem halben Jahr nicht mehr. Alle hatten einen wahnsinnigen Hunger!

Ich konnte mich nicht freuen über solch einen Weg in die Freiheit, denn noch lauerte um uns herum der Tod und hielt furchtbare Ernte. Noch standen wir unter SS-Aufsicht, die selbst in Aufregung geriet, als wir die russische Flak vom Osten her ganz in der Nähe hörten. Hätten wir uns eine solche Situation je vorstellen können?!

An eine Möglichkeit zum Weiterleben glaubte man doch schon all die Monate nicht mehr, und nun ergriff uns ein ganz kleiner Funken Hoffnung: »Hast Du den Mut, zu ›flitzen‹, Dich in den Wäldern zu verstecken, ohne Dich erwischen zu lassen?« Aber gleich darauf überwältigte uns die Realität: Ohne Brot, vielleicht krank, allein als Frau in den unsicheren Wäldern, wo streunende SS-Gruppen, Kriegsgefangene, Flüchtlinge und die russischen Soldaten auftauchen könnten, sich zu verstecken, das wäre zu gefährlich!

Ach, – und wie schön war die Welt hier draußen, hin und wieder ein Häuschen, so friedlich in Tannen verborgen, der weite Himmel, die Sonne, die Blumen, die Bäume und auch endlich wieder andere Menschen! Wie hat man sich die Freiheit so herrlich vorgestellt! Ist das

noch auf dem Todesmarsch
KK87

hier Freiheit? Furchtbare Seelenqualen ergriffen uns, wir weinten alle, und so viele Frauen blieben am Wegrand vor Erschöpfung liegen. Keiner konnte sich um sie kümmern, immer mußten wir gehen, gejagt von den furchtbaren Bestien. Langsam wälzte sich der Gefangenenzug, immer im Richtung Westen. Wer aber nur 10 m hinter der Kolonne zurückblieb, wurde ausgepeitscht, und wenn er nicht mehr laufen konnte, wurde er erschossen. So mußten viele Frauen ihr Leben lassen, die schon so viel gelitten hatten und nun, kurz vor der endgültigen Befreiung, einfach nicht mehr konnten. Es war so grauenhaft und trostlos!

Auch meine junge Freundin Hilde Friedmann, die mit mir noch zusammen aus dem Lager marschiert war, hatte ich unterwegs verloren und habe auch später durch Nachforschungen nie mehr etwas von ihr gehört.

Wir schleppten uns langsam vorwärts, schwach vor Elend, Angst und Hunger. Wir aßen die frischen grünen Blätter von den Bäumen. War das noch Leben? Ja, für einen Christen war es wertvollstes Leben, sinnvoll in seiner Bedeutung für die Ewigkeit. Ich ließ den Rosenkranz nicht aus der Hand, und im stundenlangen Vorwärts gingen meine Gedanken aufwärts: »Gegrüßet seist Du Maria, jetzt und in der Stunde unseres Todes.«

Wir gerieten in den Flüchtlingsstrom aus dem Osten und unter SS-Kampftruppen, Panzer, Pferde, Offiziere und Soldaten der deutschen Wehrmacht; und dazwischen der grauenvolle lange Zug von Tausenden gefangener Frauen, die Freiwild waren für jeden. Wir galten noch als Gefangene, als Verbrecher in unseren gestreiften Kleidern, Nicht einmal Wasser durften uns die Flüchtlinge oder die Zivilisten auf der Landstraße reichen. Den Deutschen war es strengstens verboten, nur ein Wort mit uns Häftlingen zu sprechen.

Unser Weg führte uns durch Fürstenberg, wo keine Menschenseele zu sehen war. In den umliegenden Wäldern hielten sich viele Russinnen auf, die rasch hinterm Gebüsch verschwanden, wenn eine SS-Aufsicht zu sehen war. Sie hatten sich heimlich von der Kolonne abgesetzt, hatten in Flüchtlingswagen Deckung gesucht, sich dort zivil umgekleidet und trugen nun weder Nummer noch Winkel. Sie versuchten, auf eigene Faust durch die Wälder Richtung Osten zu gehen, um auf die russische Front zu stoßen.

Die engen Waldstraßen faßten nicht die vielen Menschen. Die Kolonnen waren nicht mehr zu unterscheiden. SS-Aufseher zogen die blaugrau gestreiften KZ-Kleidern von Toten an, um in der Häftlingsgruppe unterzutauchen. In dieser furchtbaren Unordnung, Ratlosigkeit und Aussichtslosigkeit erschoß ein SS-Mann (Waffen-SS) versehentlich einen anderen Aufseher. Einige SS-Männer nahmen sich selbst das Leben, andere suchten unter den Häftlingen Freunde. Doch dafür war es jetzt zu spät.

Den toten SS-Männern nahmen die Tschechinnen Gewehre und Munition ab. Sie erschossen gleich damit noch lebende SS-Aufseher; als die Munition aufgebraucht war, haben sie aus Wut und Rache Aufseher ergriffen und bei lebendigem Leib zerrissen.

Aber noch waren wir nicht frei. Immer noch gab es SS-Aufseher, denen es gelang, uns erneut in Marsch zu setzen. Viele Kilometer rannten wir vor ihnen her in Richtung Westen, ohne einen Schluck Wasser, ohne ein Stück Brot: »Schneller, schneller!«

Lastautos fuhren an uns vorbei, auf denen dicht zusammengedrängt Männer standen, die eher Toten als Lebenden glichen. Sie kamen aus dem Lager Buchenwald und flehten, schrien geradezu nach Brot und Zigaretten. Ich halbierte eine Zigarette, die mir zugesteckt worden war, und reichte die Stücke hinauf. Schon traf mich ein Schlag von hinten, der SS-Aufseher hatte es gesehen.

Schließlich machten wir Halt am Waldrand und durften uns setzen. Viele wußten, daß sie sich dadurch eine starke Erkältung zuzögen, weil wir vor Anstrengung in Schweiß gebadet waren. Ich zog meine Schuhe aus und kühlte mir ein wenig die geschwollenen Füße. Hinter mir lag eine ältere Frau, es war Frau Heinz aus Wien, die vor Ermattung einschlief. Es war gefährlich, geschwächt und schweißgebadet einzuschlafen. Nachher würde sie ganz erstarrt sein und kaum gehen können. Die ganz Elenden konnten nicht einmal die wenigen Eßwaren tragen, die uns zugeteilt wurden, und waren auf Unterstützung der Mithäftlinge angewiesen. Was die Straße an Möglichkeiten der Nächstenliebe bot, das übertraf bei weitem alles Vorstellbare. Und bei allem beschäftigte uns die bange Frage: was wird? Können wir so lange durchhalten? Todessehnsucht und Erlösung von den gegenwärtigen Strapazen und Qualen wechselten mit der Sehnsucht, nicht hier zu enden wie ein Tier, sondern einmal noch nach Hause zu gelangen.

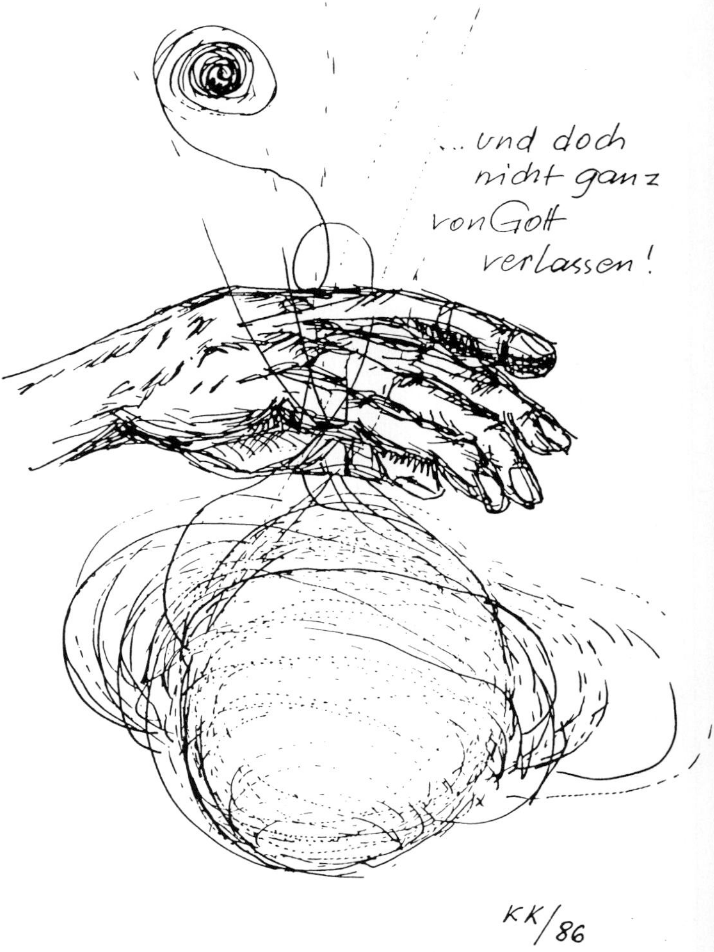
...und doch
nicht ganz
von Gott
verlassen!
KK/86

Ich dachte an die Stationen des Kreuzweges: »Jesus fällt zum ersten Mal unter dem Kreuze«; und auch er mußte sich mühsam erheben, aufraffen, um weiterzugehen. Welch ein Elend! – Da hörte ich meinen richtigen Namen durch den Wald rufen. Ich sprang auf und sah dort eine Flüchtlingsfrau mit ihrer ganzen Familie. Sie war Zivilarbeiterin bei Siemens gewesen, kannte mich aus der Rüstungsindustrie und suchte nun in diesem Chaos Orientierung bei mir. Ich versuchte, sie schnell zu trösten und zu beraten, so gut ich es vermochte, bis die Aufseherin sie von mir wegjagte.

Unser Weg führte weiter durch kleine zerstörte Ortschaften, keine Bewohner waren zu sehen, die Tiere liefen frei auf der Straße. Nach wenigen Stunden Rast sammelten sich wieder Zehntausende von Häftlingen. Sie schnitten das warme Fleisch von verendeten Pferden und aßen es roh. Keiner gab uns einen Schluck Wasser. Wieder ging es weiter, alle hatten Angst, alles rannte, getrieben von der SS.

Bei hereinbrechender Nacht gab es plötzlich hinter uns einen furchtbaren Knall, ein Feuerherd stieg auf wie ein Riesenball am Himmel. Unser erster Gedanke war: das Lager Ravensbrück ist explodiert, die armen Kranken, noch etwa 3000 waren dort! Doch dann erfuhren wir: das große Munitionslager in Fürstenberg wurde in die Luft gesprengt. Fluchtartig begannen die Häftlingskolonnen sich aufzulösen. Mädchen und Frauen versteckten sich in den Wäldern. Ein deutscher Spähtrupp fuhr dem Feuer entgegen, das Chaos steigerte sich durch russische Flak, Kanonendonner und deutsche Jagdflugzeuge am Nachthimmel.

Ich lag auf kalter, feuchter Erde, schlief aber nicht, wie viele Frauen um mich herum, die vor Erschöpfung sogleich in Schlaf gesunken waren. Ich sah dort den glühenden Zigarettenstummel des Aufsehers, der seine Nerven beruhigen wollte. Und schon zum dritten Mal stieg eine Frau mir auf den Körper, sie war sehr aufgeregt, und ich fragte sie nach dem Grund. »Ich kann meinen Platz nicht mehr finden, wo ich meine Decke liegen ließ.« Ach, das war schwer, zwischen lebendigen Körpern im Dunkeln herumzusteigen und keinen unwillig zu machen. Wir suchten vergebens bis zur Dämmerstunde. Ich bat sie, unter meine Decke zu kommen. Wir blieben nun auch in den folgenden Tagen zusammen und hatten trotz der schrecklichen Ereignisse manches gute Gespräch. Es war Frau Schwarz aus Berlin, ehemals tätig beim Deutschen Rundfunk vor 1933.

Am nächsten Morgen ging es weiter, es war der 28. April 1945, wir kamen durch mehrere kleine Ortschaften, immer wieder gefolgt von der mobilen SS-Kampfgruppe. Es war sehr heiß, auf den Straßen fanden sich Flüchtlingswagen, zurückmarschierende Soldaten, Panzer, Flüchtlinge und ehemalige Häftlinge. Tiere: Pferde, Hunde, Rinder liefen frei herum, Häuser waren zerstört durch Bomben und ausgeplündert, es gab keine Lebensmittel, alle lebten von der Straße, von dem, was da und dort liegengeblieben war. Ich war bisher sehr vorsichtig gewesen, hatte so gut wie nichts gegessen, auch kein Fleisch, um mir den Magen nicht zu verderben. Ich fand als erstes großes Geschenk eine Steckrübe, die ich wie eine Ananasfrucht genoß. Auch rohe Kartoffeln stellten eine Delikatesse dar!

Die Nächte waren empfindlich kalt, nachdem die Hitze am Tag uns sehr zugesetzt hatte. Mond und Sterne zogen ruhig ihre Bahn über dem Chaos dieser Erde. Wir waren alle fieberkrank und immer noch trieb uns die SS, wie vom Teufel besessen, vorwärts. Warum so schnell? Wir hatten keine Eile! Ich unterhielt mich unertappt mit Flüchtlingen und mit deutschen Soldaten. Ein Soldat aus Köln, der schon seit 6 Jahren im Krieg war, sagte zu mir, als ich ihn nach seiner Heimat fragte, »Meine Großmutter hat mir einmal ein Märchen erzählt von ›Daheim‹, von einem Märchenland ›Zu Hause‹.« Wenig Hoffnung auf Heimkehr, auf ein Weiterleben war überall! Ein deutscher Offizier sagte zu mir: »Mädchen, paß gut auf, das ist der ›Große Krieg‹.«

Der Durst hatte meine Lippen überzogen mit einer braunen, salzigen Kruste. Durst und Brand und Fieber, dazu dicke Füße, man ging trotzdem und träumte nur von daheim. Der Rücken schmerzte, die Schläfen brannten und unsere Augen sahen viel im Fieber.

An einem Nachmittag befanden wir uns in der Nähe des Flughafens Mirow. Wir lagerten auf einer großen Wiese vor einem Wald, lagen in warmer Sonne, brannten offene Feuer und alle Ausgehungerten kochten und aßen. Der Rauch stieg überall hoch. Plötzlich tauchten russische Jagdflieger auf, die russische Bomber begleiteten. Auch deutsche Kampfgeschwader näherten sich vom Süden und Westen her, es kam zu Luftkämpfen, Bombenabwürfen und zwischen all dem kamen plötzlich Jagdflieger tief und tiefer herab. Wir suchten Dekkung im nahegelegenen Wald und schon schossen sie mit ihren Maschinengewehren am Waldrand entlang.

Nach wenigen Minuten war Ruhe, kein Flieger mehr, kein Schuß mehr, nur noch Tote, Verwundete und auch Lebende, die aus dem Wald wieder hervorkrochen.

»Auf und weiter« schrien die selbst vor Angst bebenden SS-Aufseher. – Den klugen Tschechinnen haben wir unser Leben zu verdanken. Sie hatten aus einem Rote-Kreuz-Wagen die Fahne herausgeholt und spannten diese jetzt über unseren Köpfen. Wieder erschienen Tiefflieger, aber diesmal wurden sie aufmerksam auf uns und drehten ab. Noch einmal waren wir gerettet worden!

Am 29. April kam es wieder zu Luftkämpfen. Deutsche Flieger stiegen vom Flughafen Mirow aus auf. Sie zwangen die feindlichen Geschwader zum Angriff. Die 4 km Fußmarsch am Flugplatz entlang, wo wir die Bomber in Reih und Glied sehen konnten, kamen uns in dieser gefährlichen Situation wie eine Ewigkeit vor. Aber auch dies ging vorüber. Die restlichen SS-Aufseher krochen zwischen uns herum und suchten Deckung. Noch gab es für uns keine Möglichkeit, selbständig zu handeln. Aber Frau Schwarz und ich berieten uns über Fluchtmöglichkeiten. Da, nach einer starken Linksbiegung der Straße, gelangten wir an den Müritz-See, wo wir in einer Scheune in der kommenden Nacht bleiben sollten. Welch ein Genuß, sich am See waschen zu dürfen.

Wir lagen im schmutzigen Stroh am Eingang der Scheune. Frau Schwarz hatte noch Aufzeichnungen von Rainer Maria Rilke bei sich, die sie mir geben wollte. Den entsetzlichen Durst konnten wir nicht stillen, weil das Wasser angeblich vergiftet war, wie bekannt gemacht wurde. Brandige Lippen machten uns mundfaul. Von einem deutschen Soldaten tauschte ich mir ein Stück Brot ein und gab ihm dafür Zigaretten. Wir waren so übermüdet, daß wir im Stroh sofort in Schlaf fielen. Da, noch nicht eine Stunde durften wir ruhen, kam das Kommando: »Heraus«. Wir wurden zu einer anderen Scheune gebracht, die vorher von deutschem Militär belegt war. Wir durchschauten den militärischen Trick, man wollte die russischen Aufklärer täuschen und wir sollten die Opfer sein. Aber die russische Flak nahm die von uns geräumte Scheune unter Feuer. Die Soldaten fanden dabei den Tod. Wir aber lebten: Für uns begann ein neuer schwerer Tag. Wir mußten morgens gegen 4 Uhr in aller Eile aufbrechen und den Marsch, immer noch unter Aufsicht und in Häftlingskleidung, fortsetzen. Was würde dieser Tag uns bringen? – Ich hatte Gelegenheit, mich mit Frau Schwarz über die Philosophie des Wortes zu unterhalten, und wir freuten uns, daß wir uns in diesen schweren Stunden gefunden hatten. Welch ein wunderbarer Mensch war mir da begegnet!

Auf den Straßen zeigte sich immer mehr ein Bild der Auflösung. Flüchtlinge, Soldaten auf dem Rückweg, deutsche Panzer, Pferdefuhrwerke, hinterließen auf den Straßen lange weiße Staubwolken. Die Dörfer waren ausgeplündert. Die wenigen Einwohner und die herumlaufenden Haustiere störten den ohnehin ganz ungeordneten Verkehr. Pferden, die am Ende ihrer Kraft waren, mußte das Geschirr abgenommen werden. Man ließ sie am Straßenrand sterben. Eine weinende Mutter hatte ihr sterbendes Kind im Arm. Der kleine Hund, der gestern schon nicht mehr laufen konnte, mußte wimmernd Abschied nehmen von seinem Herrn. Jeder dachte nur an sich selbst. Ein alter Mann fiel vom Flüchtlingswagen und geriet unter die Räder des nachfolgenden Fuhrwerks. Ein kleines Kind saß auf einem schwankenden, dreirädrigen Wagen und drohte herunterzufallen. Ich konnte es nicht mit ansehen, durfte aber doch nicht die zivilen Flüchtlinge in Gefahr bringen, wenn man sie ertappte beim Reden mit Häftlingen. Schnell sah ich mich nach einem SS-Posten um, und da niemand zu sehen war, machte ich die Mutter auf die gefährliche Situation ihres Kindes aufmerksam. Unwirsch reagierte sie: »Ach, was geht das Sie an. Mir liegt doch nichts mehr dran, ob ich auch noch das Kind verliere. Die anderen habe ich schon auf der Flucht verloren.«

Gegen Abend kamen wir in die Stadt Malchow, die überfüllt war mit Militär. Wir wurden durch die Stadt hindurchgeführt und gelangten in das Malchower Judenarbeitslager. Wieder hinter Stacheldraht! – Wir machten uns Vorwürfe, daß wir es nicht gewagt hatten, wie doch so viele von uns, in den Wäldern ein Versteck zu suchen. Aber nichts ist in solchen Zeiten gefährlicher als das Alleinsein, ausgesetzt der Willkür eines einzelnen. Bald würden die ersten russischen Truppen erscheinen und die Wälder säubern. Ich hatte nur noch wenig Hoffnung, meine Heimat wiederzusehen.

Wieder wurden wir gezwungen, Appell zu stehen, und das nach den tagelangen, furchtbaren Strapazen noch vier Stunden. Ohne irgendeine Verpflegung wurden wir in das schon überfüllte Lager hineingepfercht. Die meisten von uns übernachteten auf dem Sand um die Baracken herum, und fingen an, das, was sie auf der

„Schneller, schneller...!"
auf Tischen, mit Seilen
zu einer schwankenden
Brücke" ans andere Ufer
oder im See
ertrinken!"
KK88

Landstraße gefunden hatten, im Freien abzukochen. Holz war schnell gestohlen: man riß einfach die Bretter von den Baracken weg. Beim Aufbruch im Lager am nächsten Nachmittag des 1. Mai plünderten wir die Kantine. Die SS wurde, obwohl sie scharf schoß, nicht mehr Herr der Lage. Die meisten entkamen mit Kartoffeln, Brot oder Konserven.

Wir kamen wiederum an das Ufer des Müritzer Sees. Alle Bäume waren abgesägt, nur Stümpfe standen noch. Alle Brücken an den schmalen Seestellen waren gesprengt. Damit wollte man den Vormarsch der russischen Truppen aufhalten. Die SS, in großer Sorge vor den anrückenden Russen, befahl uns, Tische aus einer am Ufer stehenden verlassenen Gaststätte zu holen. Wir mußten sie mit dicken Seilen an der Stelle der zerstörten Brücke zusammenbinden, und so konnten wir auf schwankendem Pfad das andere Ufer erreichen. Jedoch passierte es, daß auf den nassen, glatten Tischflächen einzelne Häftlinge abrutschten und im See ertranken. Niemand kam ihnen zu Hilfe.

Ich gehörte zu denen, die das andere Ufer erreichten. Aufgefallen ist uns ein größerer Mann, der dort am Ufer stand und zuschaute, was hier geschah. Nur einige erkannten ihn: es war der Lagerführer Suhren, verkleidet als Bauer mit einer Milchkanne, neben ihm an der Hand stand ein Junge. Warum tötete ihn niemand? Ich weiß es nicht.

Abends lagen wir wieder in einem kleinen Fichtenwald und froren schrecklich. Im Fieber schüttelten mich entsetzliche Träume.

dort,
am
Müritzer See..
es
war
der
Lagerkommandant...
kk 87

Auf einmal ein Pferd, ein Pfiff und »Stoi!« Die Russenmädchen stürmten heran und begrüßten ihren Befreier in ihrer Sprache. Welche Freude! Nach kurzer Zeit gab der russische Soldat den weiteren Befehl zur Ruhe bis zum nächsten Tag. Als er zurückgeritten war, wagten sich letzte SS-Leute wieder aus ihrem Versteck. Sie zitterten am ganzen Leib vor Angst und gleich ging ein Schuß durch den Wald und dann folgten noch mehrere! Unsere Bewachung war weg.

Ab jetzt organisierten wir uns selbst. Etwa 60.000 Häftlinge waren Ende April unter SS-Bewachung auf Transporten und Fußmärschen Richtung Westen geschickt worden, aber wie viele Frauen, die halbverhungert noch furchtbare Strapazen auf der Flucht durchstehen mußten, dies überlebt haben, kann ich nicht schätzen. Es sind wohl nicht sehr viele gewesen.

Flucht in die Heimat

Am folgenden Tag, dem 2. Mai 1945, zogen wir weiter an ausgedehnten Feldern der Großgrundbesitzer vorbei, die in diesem Jahr zum größten Teil nicht bestellt waren. Wir gerieten auf einen Gutshof, der angefüllt war mit Flüchtlingswagen. Mütter wärmten ihren Kinder ein wenig geschenkte Milch auf Feuer im Freien. Pferde schwitzten noch von furchtbarer Überanstrengung, und alle Viehställe waren von Menschen bewohnt, während die Tiere draußen im Freien standen. Als ich gleich in die erste Tür des Hofes eintrat, traf ich dort Frau Heinz und Frau Sitte, die ich aus dem Lager kannte. Gleich wurde ich zu Schweinebraten und Pellkartoffeln eingeladen. Das ließ ich mir in meinem Riesenhunger nicht zweimal sagen. Wir setzten uns um das Feuer herum und aßen das saftige Fleisch mit großem Appetit.

Auf dem Hof liefen polnische, russische, ostpreußische und schlesische Kinder durcheinander, schrien und spielten. Dazwischen hockten ungarische Jüdinnen, durch Hunger und Krankheit im KZ abgemagert bis auf Haut und Knochen. Sie aßen und tranken und aßen und aßen und fanden kein Ende. Einige starben leider an dem plötzlichen Übermaß von Nahrung schon kurze Zeit später.

Welch eine Freude, – unsere Bewachung war verschwunden, keiner trieb uns mehr an, keiner kümmerte sich um uns, jeder war sich selbst überlassen.

Fußmarsch April – September 1945

600 Kilometer

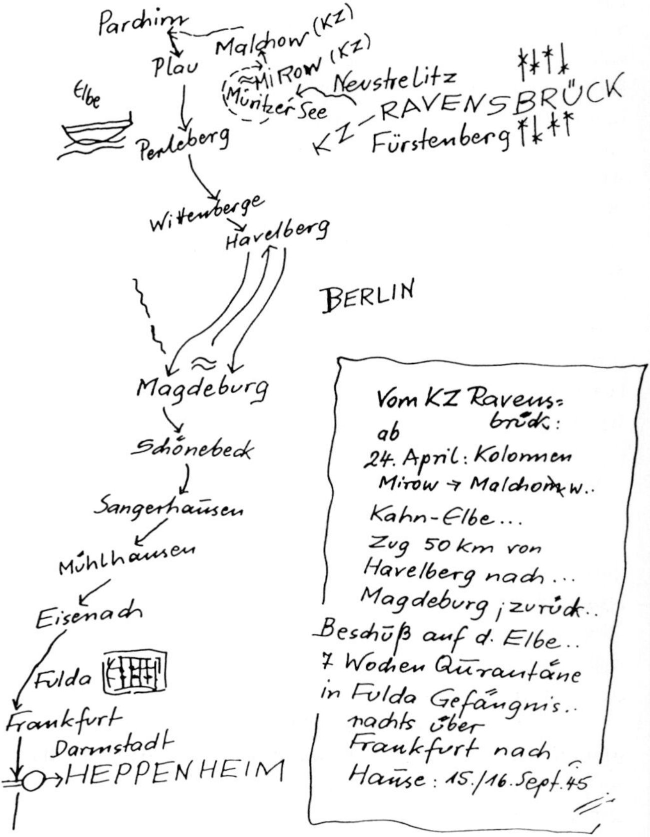

Ein junger Pole, der vier Jahre auf dem Gutshof als Kriegsgefangener gearbeitet hatte, erschien an diesem Tag im Sonntagsanzug und spähte aufgeregt in alle Richtungen. Er hoffte, schon bald nach Hause kommen zu können.

Und da, da war es schon geschehen. Die Russen rückten ein. Sie sahen uns, sprangen von ihren Pferden, beglückwünschten alle Gefangenen. Sie waren unsere Befreier. Es war der 2. Mai 1945 gegen 16.30 Uhr. Sie hatten weite Gebiete im Osten Deutschlands schon erobert. In den nächsten Tagen und Nächten durchsuchten sie fortwährend die Ställe und Wohnhäuser, nahmen sich, was sie gebrauchen konnten, und gewährten allen die freie Benutzung. Nur deutsche Männer mußten sich einer scharfen Personalprüfung unterziehen. Mißtrauisch wurden sie erst, als sie bemerkten, daß sich SS-Angehörige in weggeworfener Gefangenenkleidung mit KZ-Papieren auswiesen. Denn, so sagte unterwegs ein Aufseher zu mir, »Bevor wir kaputtgehen, geht erst alles übrige kaputt.« Auch hierin blieb die SS sich treu bis zum Schluß.

Durch den Mißbrauch der KZ-Kleidung kam auch ich einige Tage danach in den Verdacht, die Tochter des Gutsbesitzers zu sein. Ich sollte dem russischen Offizier den Aufenthaltsort des Gutsbesitzers nennen, oder sie drohten, mich mitzunehmen. Tagsüber und in der Nacht versuchten sie, mich auf alle Art zu quälen. Ja, sie glaubten mir nicht. Woher sollte ich einen Ausweis haben, wo wir doch ohne Papiere aus dem Lager hinausgetrieben worden waren.

Erst später bekam ich von dem russischen Kommandanten der Stadt Lübz in Mecklenburg einen so wichtigen Ausweis, der mich vor der weiteren Willkür des einfachen russischen Soldaten schützte. – Den sechs Russen auf dem Gutshof, die mich gefangennahmen, entkam ich durch Gewandtheit; ich wehrte mich mit katzenartiger Geschmeidigkeit, überließ ihnen meine Oberkleidung, rannte fort, versteckte mich unter Büschen und entschwand ihren Blicken, als ich plötzlich in eine halbleere Rübenmiete hineinfiel. Schließlich fand ich Unterschlupf bei Familie Prestein in der Rosenstraße in Lübz; es waren gute charaktervolle Menschen, die Hitler immer abgelehnt hatten. Dort wurde ich langsam ruhiger und erholte mich ein wenig.

Maria Schulzowa, eine Tschechin aus Prag, registrierte in Lübz in mühsamer Arbeit alle dort sich befindenden Frauen aus dem KZ-Lager. Zusammen mit Frau Heinz und Frau Hedwig Sitte versuchte ich, schließlich weiterzukommen.

Der Weitermarsch bis zur Elbe gelang uns noch in der tschechischen Gruppe, diesmal ohne SS. Leerstehende Bauernhäuser wurden durchstöbert und das zurückgelassene Vieh geschlachtet, in großen Futterkesseln gekocht, dazu Steckrüben aus dem Erdboden gegessen. Das Gefühl der Freiheit und hin und wieder besseres Essen gaben uns wieder Kraft und Mut und ließen in uns langsam die Hoffnung aufkommen, doch noch nach Hause zu gelangen. Russische Spähtrupps begegneten uns, für uns Frauen immer wieder eine Gefahr, vergewaltigt zu werden.

von Heimweh gequält

In einer Nacht – es war im Stroh eines Pferdestalles – kam ein russischer Soldat, legte sich zu mir und umklammerte meine beiden Hände. Er legte sein Gewehr griffbereit, und ich ahnte, was mir bevorstand. Kalter Angstschweiß brach mir aus; ich vermochte nur noch zur Gottesmutter zu flehen. Sein heißer Atem stank nach Alkohol und wie ein Stier stieß er russische Worte heraus. Ach, – da kam die Rettung, es war schon wieder Dämmerung, und er schlief ein. Ich konnte seine dicken fleischigen Finger von meinen Gelenken lösen und hinausflüchten.

Gleich hinter der Stadt Pritzwalk trafen Frau Heinz, Frau Sitte und ich uns mit Frau Emmel und Frau Weil. Hier mußten wir uns von Frau Heinz, mit der ich immerhin ein Jahr bei Siemens zusammen gearbeitet hatte, und von Frau Sitte verabschieden, weil sich unsere Wege trennten. Ich wurde Frau Emmels Obhut anvertraut.

In einer Nacht versteckten wir uns, in Decken eingehüllt, im Stroh einer Scheune, holten ein Pferd aus dem unbewachten Stall, banden es am Scheunentor mit Kopf und Hinterbeinen und Schwanz an, um Eindringlinge abzuhalten. Aber ein Russe kam, schlug dem Pferd den Kopf, den Schwanz, die Hinterbeine ab, stürmte herein, stocherte mit der Mistgabel im Stroh, wobei er uns entdeckte. Zwei Frauen neben mir wurden vergewaltigt. Seinem Kommando »Wodda« folgte ich; ich holte von der Pumpe Wasser. Dann rannte ich fort, so schnell ich konnte, und verbarg mich in einer Erdgrube. Es wurde mir übel, ich wurde bewußtlos und kam erst wieder zu mir, als eine Bauersfrau in einer Stube mir heißen Tee verabreichte. – Meine Gruppe und einen Teil der Kleidung hatte ich verloren, aber ich war gerettet.

Ich geriet in eine neue Gruppe, deren Anführer ein ehemaliger russischer Kriegsgefangener war, der bis dahin auf einem deutschen Hof als Knecht arbeiten mußte. Zuerst versorgte er uns mit gekochten Eiern, versprach uns Hilfe, dann entpuppte er sich als gemeiner Kerl. Glücklicherweise konnten wir ihm entkommen.

An der Elbe bei Perleberg sahen wir einen verlassenen Kahn. Wir stiegen ein und fuhren ein Stück die Elbe aufwärts. Am Ufer sahen wir auf einer Weide eine Schafherde, wir hielten an und aßen in 3 Tagen die ganze Herde auf. – Bei einer gesprengten Brücke ging es nicht weiter. Unsere Gruppe von ca. 30 Personen – alles Häftlinge, z.T. aus Polen – mußte zu Fuß weitergehen. Unser Ziel war Österreich oder die Tschechei, also Richtung Süden, um nicht in einen Frontabschnitt zu geraten. Außerdem wohnte in Wien meine liebe Tante Bonavita, die mich sicher aufgenommen hätte.

Vor Magdeburg gelang es uns, einen Zug zur Weiterfahrt in den Süden zu bekommen. Als ich merkte, daß der Zug mit uns Häftlingen in die entgegengesetzte Richtung fuhr, sprang ich mit zwei Kameradinnen aus dem fahrenden Zug. Wir versteckten uns im Wald und marschierten dann nach Richtung Magdeburg in die Stadt hinein. Es waren Frau Nüßler, eine Jüdin aus Wiesbaden, und Frau Erna Weil aus Offenbach. Wir drei sollten lange zusammenbleiben.

In Magdeburg gingen wir zum Rathaus, bekamen Lebensmittelmarken und die Erlaubnis, in einem leerstehenden Hotel zu übernachten. Als die Russen Magdeburg besetzten, ging ich zum Kommandanten und versuchte, in französischer Sprache von ihm Hilfe zu erhalten. Er war zuvorkommend, er sagte u.a.: »Wir Russen werden keine Ruhe geben, bis wir zum Rhein vormarschiert sind!« Das habe ich nie vergessen! – Er sorgte dafür, daß wir von Russen beköstigt wurden. Wir mußten auf seine Veranlassung hin während mehrerer Tage zusammen mit russischen Soldaten essen.

Es gelang uns, mit einer größeren Gruppe von Flüchtlingen eine Fähre zu besteigen, um die Elbe zu überqueren. Etwa in der Mitte des Flusses wurde vom Ufer aus auf die Fähre geschossen und viele von uns wurden getötet. Der Fährmann warf die Toten in die Elbe. Wir drei Frauen überlebten, wurden ans Ufer gebracht und konnten entfliehen. Warum geschossen wurde? Wir wußten es nicht.

Zu dritt zogen wir weiter, von Nord nach Süd, quer durch Deutschland. Der Krieg war längst vorüber. Wir gingen nur nachts, tagsüber versteckten wir uns in den Wäldern und lebten von dem, was wir auf den Feldern und in den Höfen fanden oder was wir von Flüchtlingen bekamen.

So gelangten wir bis Eisenach. Unterwegs fanden wir einen halbtoten Mann am Straßenrand, der uns bat, seine Stiefel aufzureißen. Wir taten es, und heraus spritzte der Eiter. – Im Gespräch erfuhren wir, daß es ein Priester war, der aus irgendeinem KZ-Lager kam und nun auf dem Weg zu seiner Heimatstadt Hamm war. Einem Priester zu begegnen, war ein Erlebnis für uns; dankbar haben wir miteinander einige Gebete gesprochen. Spätere Anfragen in der Stadt Hamm haben ergeben, daß er dort nicht angekommen ist, aber man wußte jetzt wenigstens durch uns, daß er das KZ-Lager lebend verlassen hatte.

Nach längerem Fußmarsch erreichten wir endlich Eisenach. Schon von fern sahen wir die Wartburg auf der Höhe liegen und gingen in Richtung Kirchturm der Stadt Eisenach.

Vor der Kirche trafen wir auf einen kranken Mann, der im Liegestuhl lag. Es stellte sich nach einem ersten Gespräch, in dem wir kurz von uns berichteten, heraus, daß er Priester war; es war der katholische Pfarrer Krenzer von der St. Elisabeth Kirche in Eisenach. Da die sowjetische Besatzung jeglichen Gottesdienst verboten hatte, lud er uns ein zu einer heimlichen Messe nachts um 23 Uhr in die Kirche der Stadt, wo die heilige Elisabeth gelebt hatte. Es war der 21. Juli 1945, der zweite Jahrestag meiner Verhaftung. Daß ich an diesem denkwürdigen Datum zum ersten Mal wieder eine katholische Kirche betreten und eine Messe erleben durfte!

Wir drei versteckten uns in einem Garten-Abstellraum neben dem Pfarrhaus, schlüpften nachts durch die Sakristeitür in den Altarraum. Kurz vor der Wandlung schlugen die Russen das Hauptportal ein, demolierten die Kirchenbänke, aber der Pfarrer und wir konnten schnell in einem unterirdischen Gang, der von der Kirche zum Pfarrhaus führte, entkommen. Wir wurden nicht entdeckt! Am Altar blieben Kelch und Wein zurück.

Viele Jahre später, noch zu DDR-Zeiten, hatte ich das Glück, die Stadt Eisenach wieder zu besuchen und konnte bei der Gelegenheit das Pfarrhaus und den unterirdischen Gang noch einmal in Augenschein nehmen.

Am nächsten Morgen verließen wir den Keller des Pfarrhauses und sprachen bei der Kommandantur vor, um Unterkunft und Verpflegung zu erhalten. Wir wurden angewiesen, im ausgeplünderten Hotel »Wartburg« zu »hausen«, mittags mußten wir mit der russischen Besatzung essen, wie in Magdeburg.

Gerade in jenen Tagen plünderten die sowjetischen Soldaten die ganze Stadt, besonders die Geschäfte. Ich nutzte die Gelegenheit, in diesem Chaos Brote aus der Bäckerei und Wurstringe und Schinken aus der Metzgerei zu holen. Ich gab sie an Flüchtlinge weiter, und auch wir drei waren froh, einen Vorrat an Proviant zu haben. Wir blieben ca. 6–7 Wochen in Eisenach, weil Quarantäne herrschte und der Weitermarsch verboten war.

Schließlich riskierten wir es, ohne Erlaubnis Eisenach zu verlassen. Wir hatten keine Papiere bei uns, nur die Ausweise in russischer Sprache vom Kommandanten in Magdeburg.

Wie sollten wir das Niemandsland zwischen sowjetischer und englischer Besatzungszone überwinden? Bei Vollmond versteckten wir drei uns hinter einer alten

Dreschmaschine an der alten Landstraße und warteten ab, bis keine Aufsicht mehr zu sehen war. Dann wagten wir es, vorsichtig und heimlich, das Niemandsland zu passieren und erreichten schließlich die Grenze der englischen Besatzungszone, wo wir sofort festgenommen und interniert wurden. Wir standen im Verdacht, eine verkappte, streunende SS-Gruppe zu sein. Schließlich glaubte man uns, weil wir nachweisen konnten, daß wir keine Tätowierungen trugen.

Alle Mitglieder der SS – auch die Frauen – waren auf dem unteren linken Oberarm tätowiert mit Nummer und Hakenkreuz; später erfuhren wir, und ich habe es auch persönlich am Müritz See gesehen, daß viele SS-Leute diese Tätowierung weggeschnitten haben.

Von der englischen Besatzung bekamen wir keine Ausweise, durften aber weitergehen.

Schließlich gelangten wir, wiederum in Nachtmärschen, nach Fulda. Dort erinnerte ich mich an eine Niederlassung der »Englischen Fräulein«, bei denen ich früher in Bensheim zur Schule ging. Mater Pia, eine frühere Lehrerin von mir, erkannte mich zunächst nicht wieder, so heruntergekommen sah ich aus. Nach einem Gespräch über Bensheim und meine Familie erinnerte sie sich an mich, und wir wurden dort drei Tage herzlich aufgenommen und gut versorgt. – Mit Reisepapieren ausgerüstet, ging es weiter. Wie waren jetzt voller Hoffnung, unsere Heimat zu erreichen.

Von Fulda aus erreichten wir Aschaffenburg. Inzwischen konnten wir auch tagsüber gehen; die Verhältnisse in der englischen Zone waren geordneter, und es war weniger gefährlich. In Aschaffenburg konnte ich einen alten Bekannten aufsuchen, der ein Schreibwarengeschäft hatte und der uns freundlicherweise mit Geld und Verpflegung weiterhalf. Nicht mehr weit war es bis Frankfurt, wo wir drei Schicksalsgenossinnen uns unter Tränen trennten. Frau Nüßler, die fast nicht mehr laufen konnte, hatten wir in Schubkarren und Handwagen die letzten Strecken mitgeschleppt.

Wir haben uns später nach unserer Rückkehr noch einmal getroffen. Beide Gefährtinnen lebten aber nicht mehr lange, sie starben an den Folgen der KZ-Lagerhaft und der Flucht.

Wieder Daheim

Nachts kam ich mit dem letzten Zug von Frankfurt in Heppenheim an. Wegen Quarantäne durfte ich das Bahnhofsgelände nicht verlassen; aber der Fahrkartenkontrolleur an der Sperre erkannte mich als frühere Fahrschülerin und brachte mich persönlich zu meiner ältesten Schwester Inno, die nicht weit vom Bahnhof entfernt wohnte.

Vom Gartenzaun aus sah man, daß im Wohnzimmer noch Licht brannte. Ich rief zuerst leise den Namen »Inno«, dann auch lauter, und es öffnete sich das Fenster. »Wer ist da?« – »Ich, Katharina, hab´ keine Angst!« Noch etwas zögernd öffnete sie die Haustüre. Ich sprang über den Gartenzaun, hatte auf der Landstraße gesundheitlich schon etwas aufgeholt, und Inno kam mir entgegen, umarmte mich, holte mich nach der Verabschiedung des Bahnbeamten in ihr Haus hinein. Sie war allein, ihr Mann aus der Kriegsgefangenschaft noch nicht zurückgekehrt. Inno kochte mir eine Suppe, die ich gierig aufaß. Bei ihr verbrachte ich die erste Nacht.

So traf ich, die man schon längst totgeglaubt hatte, am 14./15. September 1945, zwischen dem Fest »Kreuzerhöhung« und dem Fest »Sieben Schmerzen Mariä« in meinem Elternhaus ein. Das Wiedersehen mit Mutter und Schwestern war überwältigend, das Haus mit Blumen und Kerzen festlich zum Empfang geschmückt.

Mein Elternhaus

Rasch verbreitete sich die Nachricht von meiner Rückkehr in der kleinen Stadt Heppenheim. – Fast 600 km Landstraße in 5 Monaten lagen hinter mir.

Ich konnte weder im Bett schlafen – schlief lieber auf dem harten Fußboden –, noch Leute um mich herum ertragen. Viele Freunde und Nachbarn kamen ins Haus, auch Neugierige, aber meine Mutter schirmte mich klug vor zuviel Unruhe und Besuch ab. so daß ich ungestört von den vergangenen Strapazen Erholung und Abstand gewinnen konnte. Erst nach einem halben Jahr liebevoller Pflege durch meine Mutter hatte ich mich langsam soweit erholt, daß ich an weitere Pläne für meine Zukunft denken konnte.

Aus der Diözese Trier, wo ich als Seelsorgshelferin angestellt war, kam ein Schreiben des Bischofs Bornewasser mit der Bitte, in der Pfarrgemeinde St. Bonifatius in Püttlingen, wo ich 1943 verhaftet wurde, eine Ansprache in der Kirche während der Messe zu halten. Meine Verhaftung damals hatte Spannungen und Ängste in die Gemeinde gebracht. Manche, die geschwiegen hatten, fühlten sich schuldig, andere hatten sich als Nazis exponiert und wurden deswegen gemieden.

In der Ansprache sagte ich, daß ich allen verzeihe, den Schuldigen und den Mitläufern, auch denen, die damals aus Angst geschwiegen haben, – doch vergessen könne ich nicht, was geschehen sei. Die Mitglieder der Gemeinde haben diese Ansprache dankbar aufgenommen. Aus Dank an Gott, der die Pfarrkirche Sankt Bonifatius in Püttlingen-Ritterstraße vor Bombeneinschlägen verschont hatte, wurde eine Herz-Jesu-Kapelle an die Kirche angebaut. Pastor Kronenberger schrieb mir, daß in diesem Bau auch das Vergelt's Gott für meine Rückkehr aus dem KZ eingeschlossen sei. Auch heute habe ich noch viele Freunde in Püttlingen und bin dort jedes Jahr zu Besuch.

Studium und Klostergedanken

Aus Trier und aus Püttlingen kamen Briefe nach Heppenheim mit dem Vorschlag: ich sollte meine alte Dienststelle als Seelsorgshelferin wiederaufnehmen. In meinem Tagebuch findet sich unter dem 25.11.1945 folgende Notiz: »Wie sich mein Lebensweg gestalten wird, weiß ich nicht. Ob wieder Püttlingen, eine andere Pfarrei oder Kloster, das alles ist mir in keiner Weise klar. Nur das eine ist vorläufig wichtig: Ausruhen und über den Winter daheim bleiben, beten um Erleuchtung und Ergebung in Gottes Willen, so oder so.«

Auf meine Zukunftsplanung eingehend schrieb mir am 21.11.1945 Pater Wilhelm Wiesen, Leiter des Seminars für Seelsorgshilfe in Freiburg, u.a. folgendes:

»Mir selbst würde es als ein Ausdruck der Weisheit erscheinen, wenn Sie, trotz der für Sie ehrenden Rufe von der Saar her, sich doch dazu entschließen würden, nicht mehr nach Püttlingen zu gehen. Ich zweifle nicht daran, daß Sie selbst und auch der Pfarrer in der heutigen Situation selbstverständlich so Ihre Arbeit, Ihr Wirken und Ihre Haltung formen würden, daß diejenigen, die gegen Sie waren und zu Ihrem Unglück beigetragen haben, nicht darunter leiden würden. Aber wir dürfen nicht vergessen, daß die große Schar derer, die zu Ihnen standen und die heute noch stärker zu Ihnen stehen, vielleicht Sie doch dann und wann ins Gedränge bringen könnte, indem sie sich gegen Ihre früheren Gegner und Ankläger wendet.«

Diese Zeilen weisen deutlich auf die damals überall noch bestehenden Spannungen und Gegnerschaften zwischen ehemaligen Nazi-Anhängern und Nazi-Gegnern. Er fährt fort in seinem Schreiben:

»Wie ich höre, bieten sich in Ihrer Heimatdiözese Möglichkeiten eines fruchtbaren seelsorgerischen Einsatzes..... Sollte dies nicht ein Wink von oben sein, nunmehr in der Nähe, in Ihrer Heimat, Wurzeln zu fassen? Sie haben auch die Möglichkeit, viel enger mit Ihrer Familie zusammen zu sein, ohne in Ihren Berufsidealen behindert zu sein.«

Am 3.12.1945 notierte ich in meinem Tagebuch eine Einladung zum gemeinsamen Kaffetrinken morgens nach der Rorate im Marienhaus mit Pfarrer Johannes Jacobi. Er selbst war in der Nazizeit inhaftiert gewesen, und ich war dankbar für diesen wohlmeinenden Berater und Priester, der großen Anteil nahm an meinen derzeitigen Berufsfragen. Immer wieder meinte er, »es wäre doch nicht unnütz, wenn ich die jetzige Erholungszeit ausnützen würde, auch noch das Lehrerinnen-Examen zu machen.«

Auch meine Mutter und andere Freunde in Heppenheim rieten zu einer weiteren Ausbildung auf der Lehrerakademie in Darmstadt-Jugenheim. Dazu entschied ich mich. Nach 1 1/2 Jahren bestand ich meine erste Lehramtsprüfung mit Auszeichnung und war anschließend als Lehramtsanwärterin in der vierten Grundschulklasse in Heppenheim tätig. Ich war allein für 72 Kinder dieser Klasse zuständig.

Aus diesem Grunde führte ich die »Teamarbeit« nach amerikanischem Muster ein. Sie war damals, pädagogisch gesehen, eine neue Idee, die guten Anklang fand.

In meinen Tagebuchaufzeichnungen finden sich in dieser Zeit begeisternde Ausführungen über den Lehrerberuf als solchen und über meine schulischen Aktivitäten. Da ist die Rede von der pädagogischen Liebe, die getragen ist vom Erkennen des Pädagogen. Auch von praktischen Aktivitäten wird berichtet, vom Malen, Krippen modellieren, Basteln, Geschichten, Märchenspielen im Wald und religiösen Feierstunden in der Starkenburg-Kapelle. Die anderen Lehrpersonen nannten meine Klasse eine Musterklasse, und in den Weihnachtsferien besuchten mich viele Schüler und Schülerinnen. Doch auch hier zeigten sich erneut Spannungen zwischen ehemaligen Anhängern und Gegnern des Hitler-Regimes. Vermutlich forderten meine Persönlichkeit und meine Vergangenheit im KZ besonders zur Polarisation heraus. Pfarrer Jacobi, mit dem ich darüber sprach, spornte mich an, Lehrerin zu bleiben, denn gerade in diesem Beruf hätte die Frau so eine große seelsorgerische Aufgabe gegenüber Schülern und Lehrern.

Aufgrund meiner Vortragstätigkeit im Auftrag der Diözese Mainz hatte man mich zu einem weiteren Studium animiert, das ich ab Herbst 1947 an der dortigen Gutenberg-Universität aufnahm, in den Fächern Philosophie, Psychologie und Theologie. Zu diesem Zweck wurde ich vom Schuldienst suspendiert.

Wegen der großen Kälte und der geringen Heizmöglichkeiten begannen die Vorlesungen in Mainz später als ursprünglich geplant. So hatte ich Zeit, noch einmal nach Püttlingen zu fahren. Von dort aus ging ich am nächsten Tag zu Fuß zur Ritterstraße hinauf, zuerst in die so lieb gewordene Kirche Sankt Bonifatius, und dann überraschte ich Pfarrer Kronenberger durch meinen Besuch.

Gleich ging er mit mir zur Schule, und in verschiedenen Klassen mußte ich auf intensives Befragen hin vom KZ erzählen. Großes Interesse und aufrichtige Anteilnahme lösten meine Berichte bei den Schülern und Schülerinnen aus. Auch meine Verhaftung wurde angesprochen. Einige Schüler waren damals dabei gewesen und konnten sich gut daran erinnern.

In Püttlingen besuchte ich viele befreundete Familien, vor allem die, deren Kinder von der Geheimen Staatspolizei zu meinem Unterricht befragt worden waren. Ich suchte in Begleitung von Frau Maria Baltes auch einige ehemalige Parteigenossen auf, auch jene, die durch ihre Anzeige meine Verhaftung bewirkt hatten. Ich fühlte mich verpflichtet, mit ihnen über die Folgen ihrer damaligen Gesinnung und ihres Verhaltens zu sprechen. Am Ende des Gespräches versicherte ich ihnen, daß ich als Christ verzeihe und keine Anzeige erstatten werde.

Nach meiner Rückkehr aus Püttlingen nahm ich ab November 1947 mit großer Begeisterung mein Studium in Mainz auf. Die äußeren Bedingungen waren nicht einfach in der vom Krieg stark zerbombten Stadt. Die Menschen hungerten und froren, und auch ich konnte nur in einer Baracke unterkommen, ohne fließendes Wasser, ohne Ofen und ohne Fenster.

In meinem Tagebuch findet sich unter dem 18. März 1948 folgende Eintragung: »Das erste Semester auf der Gutenberg-Universität hier in Mainz ist am 15. März zu Ende gegangen. Keine Pflichtvorlesung habe ich versäumt, aber außer den Vorlesungen bin ich zu keiner intensiven Arbeit gekommen wegen der großen Kälte in den Räumen der Universität und in der Wohnung.«

In dieser Zeit wurde ich – wie auch schon früher – häufig engagiert zu Vorträgen im politischen, sozialen und theologischen Bereich. Ich berichtete über das Leben im KZ und auch über meine persönlichen Erfahrungen. Insgesamt habe ich etwa 28 Vorträge im Rhein-Neckar-Gebiet und im Saarland gehalten.

Ich kam mit Persönlichkeiten aus dem politischen Leben zusammen, die mich in dieser Richtung fördern wollten. War es das, was ich eigentlich wollte? Lenkten mich Studium und Vortragstätigkeit nicht vom Wesentlichen ab?

Ich mußte an die Aussage von Pater Delp denken, der »Im Angesicht des Todes«, bevor er in Berlin-Plötzensee erhängt wurde, folgendes schrieb: »Möge Gott den Überlebenden helfen, aus diesen Tagen nicht als Menschenruinen herauszukommen, sondern als Menschen einer neuen Weite und eines neuen Wagnisses.«

Daß ich schon als Kind gerne betete, habe ich immer als besonderes Geschenk Gottes betrachtet, und meine Familie kannte meinen Berufswunsch, den ich schon als Vierjährige geäußert hatte, nämlich in der Mission als

Ordensschwester oder Ärztin tätig zu werden. Im Laufe meines Lebens glaubte ich nie an eine paradiesische oder bessere Zukunft für mich, sondern ich wußte, daß mein Leben ein Kreuzweg bleiben würde.

Die Zeit im Konzentrationslager war nicht spurlos an mir vorübergegangen.

Nach den Erlebnissen dieser schrecklichen Vergangenheit und angesichts der damals noch trostlosen Lage unserer deutschen Heimat schien mir die konkrete Gestaltung einer guten und sinnvollen Zukunft auf der Grundlage des christlichen Glaubens vorrangiges Lebensziel zu sein. So brach ich mein Studium auf der Gutenberg-Universität in Mainz ab.

An Pfarrer Kronenberg in Püttlingen schrieb ich am 5. Mai 1948 – rückblickend auf die KZ-Zeit –: »Heute kann ich nicht sagen, es war ein sinnloser Einsatz gegen ein Regime, von dem man wußte, daß es von Lüge und Hochmut schillerte«; ich sehe meine Leidenszeit dort als »Sühne an für die Sünden der Nazizeit, für die großen Verbrechen gegen unschuldige Menschen, vor allem gegen die Juden und aller im Widerstand. Möge Gottes Erbarmen die Gegenwart und Zukunft unseres Lebens trösten!«

Ein Eintritt in das Sühnekloster in Dachau oder in das Kloster »Regina Martyrium« in Berlin – beide Klöster waren nach dem Krieg aus dem Sühnegedanken entstanden – hätten meinem Temperament und meinem Tätigkeitsdrang jedoch nicht entsprochen.

Kloster St. Lioba in Freiburg/Br. - Günterstal

Sr. Th. / 1990

»In ein geschlossenes Kloster paßt Du nicht«, sagte mein alte Freundin aus der gemeinsamen KZ-Zeit, Schwester Placida (Eva Laubhardt), mit der ich über meine Pläne sprach, und sie hatte recht! – Sie hatte mich in der schweren Zeit in Ravensbrück durch und durch kennengelernt, und sie riet mir zu dem Orden der Lioba-Schwestern, in den sie schon selbst vor längerer Zeit eingetreten war.

Ich hatte während meiner Ausbildungszeit als Seelsorgshelferin das Benediktinerinnenkloster St. Lioba in Freiburg-Günterstal kennengelernt. Diese Kongregation mit ihren Leitsätzen: »Immer da zu sein für die Notstände und die dringlichsten Bedürfnisse der Kirche, wo und wie sie sich immer zeigen« (aus dem Testament der Gründerin), kam meinem inneren Anliegen sehr entgegen.

Die Lioba-Schwestern leben nach der Regel des hl. Benedikt. Sie richten sich aus am benediktinischen »Ora et labora«: Jede einzelne soll danach streben, »Intus monachus, foris apostulus« (nach innen Mönch, nach außen Apostel – aus dem Testament der Gründerin) zu sein.

Die hl. Lioba, nach deren Namen die Kongregation genannt wurde, war eine Gefährtin des hl. Bonifatius aus England, die ihm bei der Christianisierung Germaniens half.

Die Tätigkeit der Schwestern erstrecken sich auf caritative und seelsorgerische Aufgaben in den Pfarreien, in der Praxis bedeutet das: Aufgaben in den Fürsorgeheimen, in Kinder-, Jugend- und Mädchenheimen, in ambulanten Krankenpflegestationen, in der Familienpflege, Altenpflege, Arbeiten in Kindergärten, Müttergenesungsheimen, Seelsorgshilfe, Frauenseelsorge, Katechese und Religionsunterricht in Schulen.

Die Gemeinschaft ist eine benediktinische Föderation und hat Priorate in Belgien (Namur), Dänemark (Kopenhagen) und neuerdings drei Niederlassungen in Indien.

Eintritt ins Kloster

Als ich den Entschluß gefaßt hatte, zu den Benediktinerinnen von der heiligen Lioba am Allerheiligentag 1949 einzutreten, stellte die Gründerin Frau Benedicta Föhrenbach die Frage: »Warum haben Sie den Allerheiligentag zum Eintritt gewählt?« Meine Antwort lautete: »Ich möchte im Kreise der Schwestern, zusammen mit Heiligen und Sündern, mich ernsthaft bemühen, heilig zu werden.« Darauf sagte die Generalpriorin: »Gut so.«

Zu meiner Mutter, die mich ins Kloster begleitete, sagte unsere Priorin: »Sie macht sich vom Kloster keine falschen Vorstellungen, gut so.« Da meinte meine Mutter: »Immer schon wußte meine Tochter Katharina, was sie wollte; ihr Ja ist ja und ihr Nein ist nein.« Darauf erwiderte sichtlich erfreut Mutter Priorin: »Wir können Ihre Tochter gut gebrauchen.«

Nach den damaligen Bedingungen eines Klostereintritts war eine gute Gesundheit erforderlich und mußte mit ärztlichem Zeugnis nachgewiesen sein. Alle acht ärztlichen Fachuntersuchungen testierten die nach dem KZ wiedererlangte Gesundheit, mit dem Vorbehalt einer Möglichkeit der sogenannten »Spätschäden.«

Vor meinem Eintritt ins Kloster fragte mich daheim meine jüngste Schwester: »Was soll das? Warum willst Du ins Kloster? Willst Du Dir so viel aufbürden? Und Deine vielen Begabungen! Nützen sie Dir was? Wird man Dich da arbeiten lassen, wo Deine Talente liegen?

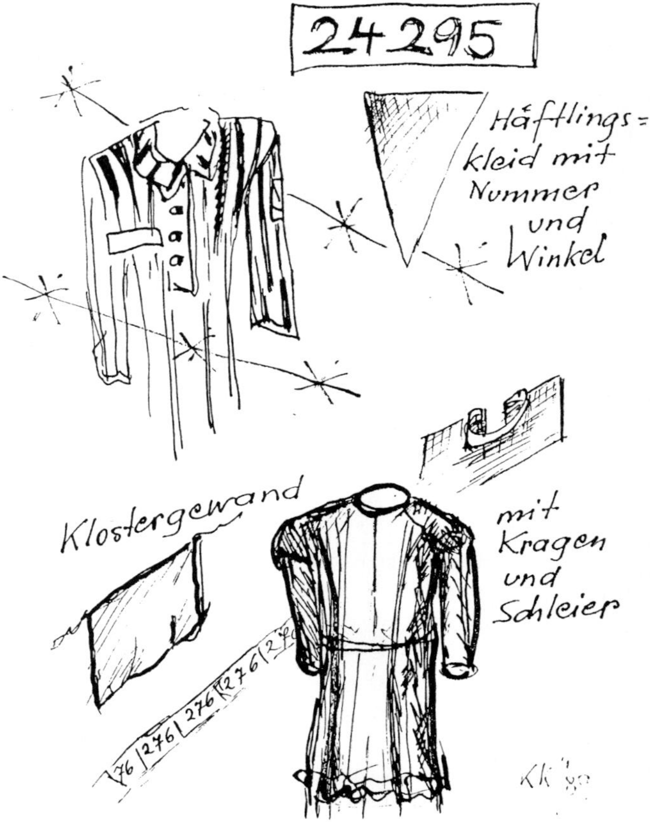
24295
Häftlings=
kleid mit
Nummer
und
Winkel
Klostergewand
mit
Kragen
und
Schleier
76 276 276 276 27

Oder mußt Du neue Demütigungen in Kauf nehmen?« Meine einfache Antwort war die: »Ich will eine gute Ordensfrau werden nach der Regel des heiligen Benedikt, eben bei den Liobaschwestern in Freiburg-Günterstal.«

Auch mein damaliger Beichtvater, der verstorbene hochwürdige Herr Pfarrer Johannes Jacobi in Heppenheim, warnte mich und prophezeite mir für das Klosterleben manche schwere Stunde. Aber ich blieb bei meinem Entschluß.

Nach der Prüfungszeit im Postulat kam der Festtag der Einkleidung. Im weißen langen Kleid, mit weißem Schleier und Blumenkranz auf dem Kopf zogen wir sieben Postulantinnen in den Chor. Wir versprachen für ein Jahr Armut, Keuschheit, Gehorsam. Mit dem Eintritt ins Kloster bekam ich einen neuen Namen, gleichsam wie zur Geburt eines neuen Lebens. Von nun an hieß ich Schwester Theodolinde, amtlich blieb der Name Katharina Katzenmaier.

Nach der kirchlichen Feier beglückwünschten uns die Angehörigen. Mit einem großen wunderschönen Blumenstrauß kam mir meine liebe Mutter entgegen, ebenso meine jüngste Schwester. Sie gratulierten, wünschten von Herzen Gesundheit, alles Gute und Gottes Segen!

Auch ein Gratulationsbrief von Pastor Kronenberger aus Püttlingen erreichte mich. U.a. schrieb er: »Seit Deiner Kindheit hat Dich der Herr gerufen, Du hast ihn gehört, hast Ihn verschieden gesucht, in Freiburg, in

Püttlingen, im KZ, in der Lehrerausbildung, jetzt hast Du ihn gefunden.«

Leider konnten Pfarrangehörige aus Püttlingen nicht zur Einkleidungsfeier nach Freiburg kommen, da das Saarland noch abgetrennt war von Deutschland und das Passieren der Grenze nicht ohne besondere Genehmigung erlaubt war.

Während der Probezeit des Postulats und im Inneren Noviziat wurde ich in verschiedenen Arbeitsgebieten eingesetzt: im Gemüsegarten, in der Küche, in der Hausarbeit, in der Wäscherei. Ich mußte Arbeiten verrichten, die ich vorher nicht kannte. Nach einem Jahr hatte ich die Prüfungszeit bestanden.

Meiner lieben Mutter schrieb ich zum ersten Mal einen Weihnachtsbrief aus dem Kloster:

Liebe Mutter

Die Liturgie des Weihnachtsfestes durfte ich im Mutterhaus St. Lioba in Freiburg-Günterstal mitfeiern. Du kannst Dir denken, daß ich dabei so glücklich war, so glücklich wie selten in meinem Leben zuvor. Daheim war unser Familienfest nach der Christmette in der Pfarrkirche Sankt Peter in Heppenheim gewiß einmalig schön. Aber dieses Weihnachtsfest im Kloster verlief fast ohne Geschenke, man war fasziniert von der Liebe des Göttlichen Kindes. Liebe Mutter! Damals hast Du Dich nicht gewundert, als ich Dir mitteilte, daß ich ins Kloster gehen möchte. Du hast geantwortet: »Das hab ich mir gedacht. Ich freue mich, daß Du ganz Gott gehören willst; ein Mutterherz bleibt Dir immer in Liebe verbunden.« Für alles, was Du mir Gutes getan hast, soll Jesus Dich segnen!

Bitte, grüße auch alle meine vier Geschwister und alle lieben Verwandten und Bekannten, sage ihnen, daß ich eine glückliche Ordensfrau bin. Und wenn Ihr gemeinsam auf den Friedhof geht, dort für unseren so früh verstorbenen Vater betet und an seinem Grab ein Lichtlein anzündet, bin ich in Gedanken auch bei Euch. – »Puer natus est nobis! Christ, der Retter ist da!« –

Nach zwei Jahren Probezeit als Novizin legte ich die »ewige Profeß« ab; sie ist das »holocaustum« an Gott. Dieses Schicksal habe ich für mich selbst gewählt in personaler Freiheit und diesen Entschluß bis heute nicht bereut. Die Hingabe an Gott ist vertrauensvolle Liebe und Zuversicht in allen Lebenslagen.

Wir Lioba-Schwestern leben in kleinen Prioraten und haben keine hohen Klostermauern um uns herum, die uns nach außen abschirmen. Weltoffen leben wir bewußt den Anforderungen der Gegenwart in der dauernden Bemühung um Information, berufliche Fortbildung und persönlichen Einsatz in der Öffentlichkeit und im Kloster.

Beruflich-apostolische Tätigkeit

Wie viele Mitschwestern des Klosters, so wurde auch ich von Pfarreien und anderen kirchlichen Einrichtungen angefordert, um dort bestimmte Aufgaben zu übernehmen. Die Generalpriorin der Lioba-Schwestern entschied über Ort und Art des Einsatzes in Absprache mit den Pfarrern.

So kam ich schon nach einem Jahr des »Inneren Noviziats« im »Äußeren Noviziat« nach Schwetzingen in die Pfarrei St. Pankratius, wo ich zehn Jahre als Seelsorgshelferin und Katechetin tätig war. Ich erteilte dort an der Hauptschule, an der Höheren Handelsschule, Gewerbeschule, Berufsschule, Realschule und am Gymnasium Religionsunterricht.

Außerdem gründete und betreute ich zwei Mädchengruppen, die Maria Goretti- und die Sankt Katharina-Gruppe, und arbeitete in der Erwachsenenbildung. Auch im Pfarrsekretariat übernahm ich dazu Aufgaben, die die Abrechnung des Neubaus von St. Marien betrafen.

Am zehnten Jahrestag meiner dortigen Tätigkeit erreichte mich die Aufforderung der Mutter General-Priorin, eine neue Pfarrstelle in der Pfarrei Maria Hilf in Freiburg zu übernehmen. Dort versah ich den Dienst als Seelsorgshelferin und Katechetin. Ein sehr schwerer Mopedunfall am 31. Mai 1969 zwang mich bis Weihnachten 1969 zu einem Krankenhausaufenthalt. Die Folge war eine 80%ige Gehbehinderung, an der ich bis auf den heutigen Tag leide.

JNRJ
„Der am Kreuz ist meine Liebe!"
Sr. Th. 1990

Eine Neuversetzung erfolgte nach St. Bernhard in eine junge Gemeinde mit einem neuerbauten Pfarrrzentrum. Jedoch verstarb an meinem Ankunftstag der Pfarrer bei seiner Tätigkeit in einem Jugendlager. Wochenlang war ich allein zuständig für die Verwaltung der Pfarrstelle und Abwicklung des Neubaus. Dazu kamen Religionsunterricht an drei Schulen, Bildungsarbeit für Männer, Frauen und Jugend, Organisation eines Pfarrbesuchsdienstes sowie Gottesdienstgestaltung.

Nach zwei Jahren versetzte das Kloster mich nach Singen/Hohentwiel in die Pfarrei Peter und Paul. Wiederum wegen mehrfacher Erkrankung des Pfarrers übernahm ich auch dort viel Verantwortung und Arbeit.

Nach drei Jahren Tätigkeit in Singen wurde meine nächste Station die Gemeinde Sankt Bonifatius in Lörrach bei Basel. Dort war ich fast ausschließlich als Religionslehrerin eingesetzt: 28 Wochenstunden in neun verschiedenen Schulen, dazu Erstkommunionsunterricht und abendliche Bildungsarbeit. Die Zeit in Lörrach habe ich in besonders glücklicher Erinnerung. Leider setzte ein Herzinfarkt meiner dortigen Tätigkeit ein Ende.

Schließlich kam ich nach Mannheim-Käfertal-Süd in die Pfarrei Sankt Hildegard. Eine moderne Kirche vielerlei Pfarrdienste und der Neubau eines Gemeindezentrums forderten erneut meine Kraft.

Mit 65 Jahren hörte ich mit meiner Tätigkeit als Seelsorgshelferin auf, aber noch bis zum 72. Lebensjahr unterrichtete ich an verschiedenen Mannheimer Schulen mit 24 Wochenstunden.

Dazu kamen freiwillige Vertretungsstunden für kranke Kollegen und Priester. Besonders gern erinnere ich mich an den Unterricht in der Blindenschule in Ilvesheim bei Heidelberg und an den Unterricht am Bachgymnasium in Neckarau, einer evangelischen Institution.

Auf allen Stationen meiner beruflichen Tätigkeit lebte ich immer in der klösterlichen Gemeinschaft der Liobaschwestern und nahm an den benediktinischen Gebetszeiten und dem Gemeinschaftsleben meines Konvents teil. In schweren Stunden erwuchs mir daraus viel Kraft und Gleichmut gegenüber den Mühseligkeiten und Anstrengungen des Alltags.

Mit vielen ehemaligen Schülern habe ich noch heute regen Kontakt. Ich teile mit ihnen Freude und Sorgen. Als Klosterfrau habe ich zwar keine eigene Familie, ich fühle mich jedoch verbunden mit vielen ehemaligen Schülern und Pfarrangehörigen, so daß ich mir manchmal vorkomme wie die Groß- und Urgroßmutter eines großen Clans.

Am 1. Mai 1990 konnte ich mein 40-jähriges Professjubiläum mit meinen Kursgenossinnen im Mutterhaus St. Lioba in Freiburg-Günterstal feiern, »voller Dank gegen Gott für so viele Gnadenjahre.«

Die Ravensbrückerinnen

Alljährlich treffen sich die Überlebenden des Konzentrationslagers Ravensbrück an einem vorgeplanten Ort, dessen Lage als Treffpunkt günstig für möglichst viele ist. Alle Kameradinnen leiden unter Beschwerden und Gesundheitsschäden, die aus der KZ-Zeit herrühren.

Die Treffen fanden statt in: Nürnberg, Rauhenheim/ Main, Bad Kreuznach, Bergneustadt, München, Berlin, Mannheim, Stuttgart und anderswo.

Ich durfte als Ordensfrau immer bei diesen je achttägigen Gesprächsrunden dabei sein und mitreden. Diejenigen, die zusammen in der »Hölle von Ravensbrück« waren, haben nie diese Gemeinsamkeit aufgeben, und die wohl wichtigste Erfahrung aus den verschiedensten Lebenswegen ist: »Gemeinsam alles zu tun, damit Faschismus und Krieg nie wieder entstehen können.«

Ein Ergebnis dieser Treffen ist die Errichtung einer Wanderausstellung zum Thema »Frauen im Konzentrationslager«, die in zahlreichen Städten und Gemeinden Deutschlands zu sehen war und jetzt weiter in ganz Europa gezeigt wird.

Dank der beharrlichen Bemühungen, vor allem der ehemaligen Häftlinge, unterstützt von evangelischen und katholischen Kirchengemeinden, von der Gesellschaft der christlich-jüdischen Institutionen und unterstützt von den demokratischen Parteien, wurden Gedenktafeln errichtet zum Gedächtnis und allen zur Mahnung.

Weitere Informationen, wie Bücher zum Thema »Konzentrationslager«, Videobänder, öffentliche Veranstaltungen, Fernsehsendungen u. a. sorgen dafür, daß die schlimme Vergangenheit des Nationalsozialismus nicht nur nicht vergessen wird, sondern vor allem von Zeitzeugen wahrheitsgetreu bekanntgemacht wird, um Lüge, Gewalt und irregeführten Fanatismus gegenwärtig und zukünftig zu vermeiden. Wichtig ist es, der Jugend eine bessere Zukunft zu weisen.

Anhang 1

Das Testament der Ordensgründerin der Kongregation der Benediktinerinnen von der hl. Lioba

In Dankbarkeit und Treue gedenken wir
unserer Wohlehrwürdigen Mutter

Maria Benedikta Föhrenbach

Sie wurde geboren am 7. Februar 1883 in Oberkirch/Bd. als einzige Tochter des nachmaligen Badischen Landeskommissärs Max Föhrenbach und seiner Gattin Maria Waenker von Dankenschweil. Mit zwei älteren Brüdern verbrachte sie im Elternhaus frohe, behütete Jugendjahre. Am Konservatorium in Freiburg i.Br. in Musik ausgebildet, war sie später selbst dort als Lehrerin tätig. – Von ihrer edlen Mutter wurde die Tochter schon früh in die Werke christlicher Nächstenliebe eingeführt. Im Ersten Weltkrieg war Maria Föhrenbach Pflegerin im Reservelazarett Lessingschule in Freiburg und übernahm 1918 die Leitung des St. Hedwig-Kinderheimes. In dieser schweren Zeit berief Gottes Vorsehung sie zur Gründung einer klösterlichen Gemeinschaft, die sich in benediktinischer Lebensform apostolischer Arbeit widmet.

Mit Genehmigung des Heiligen Stuhles erfolgte am 21. März 1927 durch den hochseligen Erzbischof Dr. Karl Fritz von Freiburg die kirchliche Errichtung der Schwesterngemeinschaft St. Lioba als Regularoblatinnen des hl. Benedikt, heute die Kongregation der Benediktinerinnen von der hl. Lioba mit dem Mutterhaus in Freiburg-Günterstal. Gott, dem sie sich und das Werk ihres Lebens geweiht hatte, beschenkte sie getreu seinen Verheißungen mit einer großen Zahl von Töchtern, die in 4 Prioraten mit 42 Niederlassungen für das Reich Gottes beten und arbeiten.

Mit vielfacher Frucht gesegnet, wurde unsere Gründerin und erste Generalpriorin vom Herrn der Ernte heimgeholt am Fest der Siebenschmerzen Mariens, dem 15. September 1961.

Ihr Vermächtnis an uns ist das Leitwort unserer Gemeinschaft:

»Von der Liebe nicht lassen«

Daß die Kongregation nicht einroste, sondern immer da sei für die Notstände und dringlichsten Bedürf=nisse der Kirche, wo und wie sie sich zeigen.

Daß jede Schwester sich bestrebe zu sein:
intus monachus,
foris apostolus.

Daß jede darauf sehe, im geistlichen Leben sich fortzubilden, wie auch im beruflichen, damit sie allen Aufgaben und Verhältnissen gewachsen seien.

Daß jede Schwester den Inhalt der hl. Regel in großer Gewissenhaftigkeit sich aneigne.

Daß alle darauf bedacht seien das Gemeinschaftsleben zu pflegen.

Nie sollte danach gestrebt werden, eine monstre-Kongregation zu werden; die Filialen sollten gegründet werden in Form von Prioraten, die eine gewisse Zahl von Schwestern nicht überschreiten, aber alle im Mutterhaus ihren Zentralpunkt haben.

21. Juni 1937

Anhang 2

Wiedersehen nach 50 Jahren
War das nicht ein Stück Himmel auf Erden

Fünfzig Jahre nach der Befreiung des Konzentrationslagers Ravensbrück 1945 wurden wir, die überlebenden Häftlinge, zum 23. April 1995 von dem Ministerpräsidenten des Landes Brandenburg Dr. Stolpe zu einer Gedenkfeier ins ehemalige KZ eingeladen. Und wir kamen aus allen Ländern der Erde, ganz gleich welchen Alters oder welcher Religion und Rasse. So wohlwollend war alles vorbereitet, das schöne Wetter und vor allem die Wiedersehensfreude sorgten mit Musik verschiedener Musikkapellen für beste Stimmung.

Zuerst, noch zu Hause, konnte ich mich nicht rasch entscheiden, an diesem geplanten Treffen teilzunehmen: »Nochmals an den Ort, einer Hölle auf Erden, zu kommen.« –

Keiner von uns kann die Vergangenheit vergessen, aber verzeihen möchten viele. Es wurde am Schwedt-See der Kreuzweg gebetet, am Mahnmal Kränze niedergelegt, Erfahrungen ausgetauscht, alle Ansprachen sollten deutlich machen, daß nie wieder Krieg, keine Gewalt oder Diktatur und nur Friede die Zukunft der gesamten Menschheit erfüllen möge.

»Wie ein Stück Himmel auf Erden«, so kam es mir vor, weil alle Teilnehmer dieses Festes ohne Lärm miteinander eins sein wollten. Schon am Tag zuvor, am 22.

April, sollte ich in der Presse-Konferenz vor allem die Fragen beantworten, mit welchen Mitteln ich die Schreckenszeit bewältigt und dann auch überlebt habe: ... »Ja, als gläubiger Christ.« – Der Applaus drückte Zustimmung aus.

Fast Himmlisches geschah, als die Lautsprecher Namen ehemaliger Häftlinge, die gesucht wurden, durchgaben: »Wo ist meine ehemalige Kameradin Katharina Katzenmaier?« hörte ich rechts. »Ja, sie ist hier im Zelt der Begegnungen.« Bereit zum Wiedersehen, stellte ich mich an den Eingang des Zeltes, erwartete eine ehemalige Mitgefangene aus den Niederlanden, die mit mir in einer Siemensbaracke Zwangsarbeit leisten mußte. Die 50 Jahre haben uns alle im Aussehen verändert, aber die gemeinsame KZ-Zeit sollte jetzt unsere Erinnerungen auffrischen. Wir weinten, umarmten uns, sprachen über unser persönliches Weiterleben, glücklich in dieser Wiedersehensfreude; einfach himmlisch!!

Erzählen möchte ich noch, wie mein Geburtstag am 24. April 1995 dieses Jahres hier im KZ Ravensbrück gefeiert wurde: Schon am frühen Morgen im Quartier in Lychen bei Fürstenberg gab es das Gratulationslied, Blumen, festliches Frühstück. Und als unsere Gruppe mit dem Bus von Lychen zur Gedenkstätte gefahren war, wurde ich vor dem Eingang ins Festzelt gestoppt: Meine ehemaligen Kameradinnen standen Spalier, als ich eintreten durfte und sangen: »Happy birthday to you!« Umarmungen und Blumen, Freudenrufe!

Jedoch wollte ich besinnlich – ganz allein – die späteren Tagesstunden verbringen, ging an der hohen noch erhaltenen KZ-Mauer entlang zum See hinunter, wo Hunde einmal lebende Häftlinge zerrissen hatten und die SS die zerstückelten blutenden Körperteile in den See warf. Heute brachten Holländer viele weiße Rosen mit, die hier zum Gedächtnis in den See geworfen wurden. Dann ging ich zur Walze, womit die Asche verbrannter Mithäftlinge beim Straßenbau in die Erde eingearbeitet wurde, zur Gaskammer ging ich, wo heute Blumengebinde, damals vergiftete Menschen lagen. Vor dem Totengang bin ich lange stehen geblieben, weil ich weiß, was zur Hitlerzeit Grausames geschah. Auf der großen Lagerstraße gedachte ich meiner Mitgefangenen, die bei Stehappellen tot umfielen. –

»Nie mehr, nie mehr soll sich so etwas wiederholen!«

Wie ein Stück Himmel auf Erden schien mir das große Erlebnis des Festaktes am 23. April 1995, morgens um 10.30 Uhr. Auf der Tribüne stand und sang der Sängerbund von Lychen und trug u.a. das Lagerlied: »Ja, wir sind die Moorsoldaten, ziehen mit dem Spaten ins Moor.« Ministerpräsident Dr. Stolpe, vorher meine Kameradin Frau Gertrud Üllner aus Stuttgart, dann die Bundestagspräsidentin Frau Dr. Süßmuth, Her Bubis aus Berlin, ein Sinti, ein Jugendlicher, sie alle sprachen mit Emotionen und Mitempfinden viel Tröstliches. Ich konnte mit großer Freude im Herzen das Gebet einer polnischen Mitgefangenen vortragen, das diese im Jahre 1941 im KZ geschrieben hatte.

Lagergebet

VATERUNSER, der du bist im Himmel
und siehst unser heimatloses Leben.
Nimm uns in Obhut, deine treuen Kinder,
stille die Tränen, die uns're Seelen trüben.
Geheiligt sei dein Name hier auf fremder Erde,
wo wir, dem Vaterhaus gewaltsam entrissen,
unter den Feinden – und heimlich BETEN müssen.
Dein Wille geschehe, rufen wir demutsvoll,
glaubend, daß Leid und Freude von dir kommen müssen.
Daß du uns alles gibst, großer allmächtiger Gott!
Und der tiefe Glaube wird unser Schicksal versüßen.
Herr, unser tägliches Brot karge uns nicht!

Gib Kraft zum Überleben!
Und für die Seele den Glauben,
daß unsere Verbannung nicht ohne Ziel ist,
daß wir vielleicht durch unsere alten Sünden leiden.
Vergib uns unsere Schuld, durch die Schwäche entstanden,
wenn Zwiespalt, Schmerz, Verzweiflung unsere Seelen füllen. – und wenn manche unter dem Kreuz fallen. Führe uns nicht in Versuchung, die die Seele verdirbt. -
Rette uns vor allem Bösen und gibt uns eine glückliche Heimkehr.

Ursula Winska, Ravensbrück
Dezember 1941

Am Abend, in Bogensee, wurden acht große Festzelte aufgestellt, wo die Bedienungen am Buffet und an den Tischen mit großer Liebenswürdigkeit alle Wünsche erfüllen wollten. Viele von uns Zeitzeugen waren bereit, fotografiert zu werden, für Presseberichte auszusagen, von ihren Erlebnissen zu erzählen, verschiedene Anliegen vorzubringen.

Einmalig und unvergeßlich waren die Tage in der Gedenkstätte des Konzentrationslagers Ravensbrück im April 1995, also 50 Jahre nach der Befreiung 1945!

Wirklich: ein Stück Himmel auf Erden!

Als Erinnerung aufgeschrieben in St. Augustin,
am 4. Juli 1995

Anhang 3

Kindheitserlebnisse aus den Jahren 1942 – 1945
am 02.09.1995 in Püttlingen niedergeschrieben
von Irene Schäfer

Im Frühjahr 1942, genau am 5. Mai, bekamen wir in der Pfarrei St. Bonifatius Püttlingen-Ritterstraße eine Religionslehrerin. Es war Schwester Katharina, die unserem Pastor Herrn Kronenberger als Seelsorgshelferin zur Seite gestellt wurde. Wir hatten sie gleich liebgewonnen. Sie war groß, schlank, blond, das Haar zu einem kleinen Knoten geschwungen, trug eine Brille, wirkte zart und zerbrechlich. Sie lobte und ermutigte uns und erfreute uns hin und wieder mit kleinen Geschenken, wie Lesezeichen oder Heiligenbildchen. Schwester Katharina war vielseitig begabt, sie konnte schön singen und spielte einige Instrumente, konnte aber auch malen und basteln, vor allem war sie gut zu uns Kindern. Wir waren damals im 3. Schuljahr und sie sollte uns auf das Sakrament der Firmung vorbereiten. Der Firmunterricht fand in der Pfarrkirche statt. Bibelunterricht war in die Unterrichtsplanung miteinbezogen und konnte von Lehrern während der Unterrichtszeit in Schulräumen erteilt werden. Für den Katechismusunterricht -auch Kommunion- und Firmvorbereitung – mußten damals außerhalb der Unterrichtszeit kircheneigene Räume benutzt werden. Da seit Gründung unserer Pfarrei im Jahre 1937 noch keine Firmung in St. Bonifatius stattfand, besuchten die Mittel- und Oberstufen und die SchülerInnen vom Gymnasium ebenfalls mit uns den Firmunterricht. Schwester Katharina hatte zwar eine sehr melodische, aber leise Stimme. Trotzdem herrschte Ruhe in dem halbgefüllten Kirchenraum, wenn sie mit Begeisterung versuchte, uns Glaubenswahrheiten zu vermitteln oder mit uns Gebete und Lieder für die Firmfeier einzuüben. Sie konnte uns mitreißen, so wie charismatische Menschen dies vermögen.

Die Firmfeier am 21. Juni 1942 war für uns Kinder ein Erlebnis, zumal Herr Weihbischof Metzroth aus Trier nach seiner Katechese von uns sehr angetan war und mit Lob nicht sparte. Dies war gleichzeitig eine Ehre für Schwester Katharina und unseren Pastor Herrn Kronenberger. Ich erinnere mich noch an die Lieder, die wir damals mit Schwester Katharina sangen: »Confirma hoc deus...«, »Geist der Erkenntnis, Urquell des Lichtes...«, an das Leitthema der Predigt: »Löschet den Geist nicht aus!« Die Pfingstsequenz, die uns Schwester Katharina auf anschauliche Weise lehrte konnten wir auswendig aufsagen. Sie wurde zu unserem Lieblingsgebet.

In der Zeit nach der Firmung wurde der Religionsunterricht – Katechismusunterricht – nachmittags in einem Kellerraum unter der Kirche neben dem Heizungsraum erteilt.

Manche Eltern trauten ihre Kinder aus Angst vor den Nazis nicht mehr zu schicken, so daß die Anzahl der Teilnehmer sich verringerte. Die »Hohberger« – das waren die Kinder, die am äußersten Ende der Pfarrei in der Hohbergstraße wohnten – besuchten nach wie vor den Unterricht bei Schwester Katharina. Es waren nicht nur ihre didaktisch-methodischen Fähigkeiten, so daß oft schwierige Inhalte für uns zu einem Erlebnis wurden, sondern das Wohlwollen, die menschliche Wärme uns gegenüber, die sie uns sympathisch machte.

Zu den »Hohbergern« gehörte auch unsere Gruppe: Erika, Emmi, Edi, Edeltraud (sie war zwei Klassen über uns) und ich. Wir waren gute Freunde, gingen gemeinsam zur Schule und besuchten zweimal wöchentlich morgens vor Schulbeginn die Schulmesse. Da unser Schulweg teilweise an Feldern und an einem Tannenwald vorbeiführte, begleiteten uns oft meine Großmutter und mein jüngerer Bruder Nikolaus, der Meßdiener war. Wir gingen auch an der Wohnung von Schwester Katharina vorbei. Es gelang uns jedoch selten sie abzuholen, da sie schon zum Angelusläuten in die Kirche ging.

An einem Morgen waren mehrere fremde Männer in unserem Schulhaus. Einige trugen die Parteiuniform andere nicht. Sie befragten uns »Hohberger« gemeinsam und einzeln. Sie wollten wissen, ob Schwester Katharina etwas über den »Führer« gesagt habe. Wir konnten die Frage verneinen, denn der »Führer« wurde im Religionsunterricht nicht erwähnt. Ein anderes Mal wollte ein Parteigenosse von mir wissen, ob wir im Religionsunterricht mit der Schwester auch für den »Führer« beten. Ich sagte ihm, daß wir morgens vor dem Unterricht mit den Lehrerinnen immer beten: »Schütze Gott mit deiner Hand, Führer, Volk und Vaterland...« Nachmittags würden wir Gebete lernen, die wir in der Schulmesse oder am Morgen oder Abend beten.

Dann kam der 21. Juli 1943

Unsere Klasse hatte vormittags in der Schule allerlei Kräuter (Johanniskraut, Jakobskreiskraut, Taubnesseln) auf dem Speicher zum Trocknen ausgebreitet. Es sollte Tee für unsere Soldaten werden. Nach dem Mittagsläuten verließen wir das Schulhaus und die »Hohberger« gingen ihren üblichen Weg an der Kirche vorbei durch die Bildchenstraße. Wir bemerkten, daß es auf der Straße anders war als sonst. Frauen standen in Gruppen auf den Bürgersteigen oder auf den Haustreppen, schauten zum Ende der Bildchenstraße hin, dort, wo Schwester Katharina wohnte. Leise rief man sich zu: »Sie haben die Schwester in einem schwarzen Auto abgeholt.« Das bedeutete, daß sie nach Saarbrücken ins Gefängnis kam. Schüler aus der Klasse unter uns kamen uns entgegen und bestätigten, daß die Schwester nicht mehr da sei. Einige weinten, einige schrien und schimpften. Wir rannten den Berg hinunter nach Hause, um die Nachricht weiterzugeben. Meine Eltern waren erschrocken, blieben aber nicht untätig. Mein Großvater hatte in den folgenden Tagen verschiedene Parteileute in Püttlingen aufgesucht, war in Saarbrücken und Neustadt und bat um die Freilassung »unserer Schwester«. Vergebens!

Meine Mutter und meine Großmutter trafen sich abends mit den Müttern meiner Freundinnen am »Feldweg« und gingen betend zur Marienkapelle. Unsere Nachbarin Maria betete mit ihrer kräftigen Stimme vor. Nachbarinnen kamen noch dazu. Es war in unserer Straße üblich, daß im Mai und August abends eine Gruppe Frauen in die Marienkapelle ging. Damals wurde vor allem der Schutz Gottes und der Friede erfleht. Mütter haben immer einen Grund zum Beten: damals besonders für die Väter, Söhne, Brüder im Feld, für die Vermißten, Verwundeten und Gefallenen. In dem Jahr 1943 begann der Gang zur Kapelle an dem Tag, als Schwester Katharina weggebracht wurde, und wir durften abends mitgehen.

Wenn ich nach zweiundfünfzig Jahren das emotionale Verhalten von uns Kindern beschreiben soll, so gab es damals ein Schwanken zwischen tiefer Traurigkeit, Hilflosigkeit einerseits und einer aggressiven Wut gegen die Nazis andererseits. Wir weinten und wir wetterten. Einmal saßen wir bei uns auf der Vorgartenmauer und schimpften auf alle Nazis, die wir aus unserer Straße und auch aus dem Dorf kannten, oder auf die, von denen wir annahmen, daß sie dazugehörten. Ein Nachbar kam zu uns und sagte: »Ihr Kinder müßt still sein, ihr bringt eure Familien in Bedrängnis.« Wir wollten jedoch – wie es Art von Zehn- Elfjährigen oft ist, die ihr Können und ihre Möglichkeiten überschätzen – etwas unternehmen, um die Schwester frei zu bekommen.

Nach Saarbrücken wollten wir gehen, Leitern wollten wir zum Gefängnis mitnehmen, Seile.... Es war nicht nur der Verlust der geliebten Lehrerin, unter dem wir litten, es war das Empfinden, daß hier der Schwester Unrecht geschehen ist. Kinder haben ein feines Gefühl für Recht und Unrecht. Das hat uns leidend gemacht.

Meine Mutter hat uns mitunter um sich versammelt und hat mit uns unser Lieblingsgebet gesprochen, das uns auch am meisten mit Schwester Katharina verband, nämlich die Pfingstsequenz. Einzelne Sätze erklärte uns unsere Mutter und brachte sie in Bezug zur damaligen

Gegenwart. »Vater aller Armen du« – »Tröster du in jedem Leid« – »Trost in Tränen und in Schmerz« »Heile, was verwundet ist« – »Wärme, was von Frost erstarrt«: Sie wies vor allem auf die Ursache der damals für uns alle bedrückenden und unsäglich schmerzlichen Zeit hin, in einer Art, wie wir Kinder es verstehen konnten. Aber es war vieles unverständlich. In unseren Augen war der Nationalsozialismus dem Bösen gleichzusetzen. Er brachte viel Leid über die Menschen – und auch über uns-. Im Herbst 1943 hörten wir, daß Schwester Katharina nicht mehr im Saarbrücker Gefängnis sei. Sie sei weit weg in ein Konzentrationslager gebracht worden. Wir Kinder hatten keine Vorstellung davon. Von den Erwachsenen hörten wir die Stichworte: Hunger, Kälte, schwere Arbeit, Schläge, Einsamkeit, Verlassenheit, Entwürdigung. Im Advent 1943 bastelten wir zuhause Fensterbilder, wie wir es ein Jahr zuvor mit der Schwester taten. Auch erinnerten wir Kinder uns an das Spiel von den klugen und törichten Jungfrauen, das Schwester Katharina ein Jahr zuvor mit einer Gruppe eingeübt und aufgeführt hatte. Wir dachten auch daran, wie wir Moos gesucht und die Krippe mit aufgebaut hatten. Auch in diesem Jahr holten wir Moos und Tannenzapfen und immer wieder fiel der Name der Schwester. Unser Pastor hörte unseren Kummer an, aber er konnte und durfte sich nicht äußern. »Ihr müßt viel beten!« war das einzige, was er uns sagen konnte. Er wurde ja auch bespitzelt. Mitunter wurden die Sonntagspredigten von Parteigenossen mitgeschrieben. Ebenso wurden die Kirchenbesucher notiert.

In den folgenden eineinhalb Jahren – Beginn 1944 bis Mai 1945 – nahmen die Schrecken des Krieges immer mehr zu. Die Fliegerangriffe häuften sich. Viele Menschen verloren ihr Leben an den einzelnen Frontabschnitten und in der Heimat. Es gab auch auf der Ritterstraße kaum eine Familie, in der nicht der Tod von Angehörigen beweint wurde. Beweint wurden auch die vielen, die als vermißt gemeldet wurden, oder die in Gefangenschaft geraten waren. Unzählige Menschen verloren Eigentum und Heimat. Als die Front näher kam, war nur ein Überleben in Unterständen und Stollen möglich.

Die Ernährungslage wurde auch immer kritischer. Im Dezember 1944 wurde der größte Teil der Bevölkerung von Püttlingen evakuiert. Es konnten jedoch nicht mehr alle mit.

Im Mai 1945 war Ende des Krieges. Uns »Hohberger« hatte der Krieg hart getroffen. Meine Mutter, mein kleiner Bruder, Großmutter und Großvater kamen am 13. Dezember 1944 mit fünfzehn anderen jungen Müttern und Kindern zu Tode. Meine Großmutter hätte sich retten können, aber sie rettete einem kleinen Jungen das Leben und kam selbst dabei um. Ich war, wie die anderen »Hohberger«, damals 12 Jahre alt und hatte fortan für meine jüngeren Geschwister Nikolaus und Martha zu sorgen. Unser Freund Edi wurde am 14. Dezember von einer Granate zerrissen. Erika trat im Juni 1945 mit ihrem Großvater auf eine Mine, beide waren sofort tot. Edeltraud starb wenige Jahre nach Kriegsende. Emmi starb vor 1 ½ Jahren. Möge der Herr ihnen die Fülle des Lebens zuteil werden lassen.

Im Herbst 1945 teilte Herr Pastor Kronenberger mit, daß Schwester Katharina das Konzentrationslager Ravensbrück lebend überstanden habe und unsere Pfarrei besuchen würde. Sie lebte! und das freute uns. Unsere Gebete wurden erhört. Gott war ihr gnädig.

Mittlerweile war bekannt geworden, wie grausam, brutal und menschenverachtend Menschen in den Konzentrationslagern behandelt wurden. Wir erfuhren was Schwester Katharina in Ravensbrück gelitten hatte: verwundet an Körper und Seele. Aber sie brachte kein Wort der Anklage über ihre Lippen. Sie war gekommen um zu verzeihen.

> Dennoch sie war geschlagen und doch nicht erschlagen
> Getreten und doch nicht zertreten
> Gebrochen und doch nicht zerbrochen
> Entwürdigt und doch nicht würdelos
> Voll Zweifel und doch nicht verzweifelt.

Was muß ein Mensch doch für eine innere Kraft, für einen Glauben haben, um nach all dem Schrecklichen so handeln zu können. Es kann nur die Gewißheit sein, wie der Psalmist sie in Psalm 27 beschrieb. Der Herr ist die Kraft meines Lebens... »Vor wem sollte mir bangen? Dringen Frevler auf mich ein, um mich zu verschlingen, meine Bedränger und Feinde sie müssen nicht straucheln und fallen.«

Und dann kam der große Entschluß: »Im Hause des Herrn zu wohnen alle Tage meines Lebens, die Freundlichkeit des Herrn zu schauen um nachzusinnen in seinem Tempel.« Schwester Katharina trat in den Benediktinerinnen-Orden ein und bekam den Ordensnamen Schwester Theodolinde, das bedeutet: »Schützerin des Volkes«.

Sie hat jahrzehntelang im Dienst an der Jugend in verschiedenen Schulformen und Pfarreien »Ihrem Volk« gedient und segensreich gewirkt.

Ich möchte »unserer Schwester Katharina« – oder auch Schwester Theodolinde – im Namen der »Hohberger«, im Namen der Ritterstraßer Kinder und aller ihrer Schüler im Nachhinein danken für das Gute, das sie auf der Ritterstraße getan hat.

Püttlingen, den 02.09.95

Dipl. Psych. Irene Schäfer
Sonderschulrektorin i.R.

Anhang 4

Meine erste Begegnung mit Schwester Katharina Katzenmaier von Elisabeth Baltes (02.09.1995)

Meine Erinnerung muß 53 Jahre zurückgehen. Ganz sicher weiß ich noch, daß damals unser Herr Pastor Kronenberger uns Mädchen in eine Gruppenstunde im März – April des Jahres 1942 eingeladen hatte. In dieser Gruppenstunde der Pfarrjugend informierte er uns über den Beruf der Seelsorgehelferin. Er teilte uns auch mit, daß im Mai eine junge Schwester diesen Dienst bei uns beginnen würde.

Unter anderem sagte er zu mir: »Elli, das wäre doch der richtige Beruf für dich!« Ich war damals 17 Jahre alt und im kleinen, elterlichen Bauernbetrieb beschäftigt. Sehr gespannt war ich auf diese neue Begegnung.

Im Mai war es soweit. Schwester Katharina Katzenmaier beeindruckte uns alle sehr. Schöne Stunden und Feste erlebten wir mit ihr in der kurzen Zeit von 1942 bis Juli 1943: Gruppengespräche und -spiele, Kirchenchor, Martinsfest, Adventfeiern, Singkreise, Frauentragen (ein alter Brauch in den letzten neun Tagen vor Weihnachten) und vieles andere.

In den neun Tagen vor Weihnachten begannen wir mit diesem uns neuen Brauch des »Frauentragens«. Das war nicht ganz ungefährlich. In der Dunkelheit der Jahreszeit versammelten wir uns in der elterlichen Wohnung eines Gruppenmitgliedes. Dort wurde eine kleine Station gemacht mit Gebet und Liedern. Dann formierten wir uns zu einer Prozession, möglichst unauffällig und schweigend. So trugen wir die Muttergottesstatue in das nächste Haus in der Hohbergstraße. Trotz Fliegeralarm und verdunkelten Häusern fanden wir uns ein zu gemeinsamem Gebet an neun Abenden vor Weihnachten.

Die Verhaftung unserer Pfarrschwester Katharina Katzenmaier machte uns alle sehr traurig. Diesen Tag werde ich nie vergessen. Ebenso nie vergessen werden wir auch den Sonntag, an dem Herr Pastor Kronenberger in unserer Pfarrkirche Sankt Bonifatius in Püttlingen-Ritterstraße nach dem Gottesdienst verkündete:

Schwester Katharina Katzenmaier lebt. In ihrer Heimatstadt Heppenheim ist sie in der Nacht zwischen dem 14. und 15. September 1945 angekommen. In nächster Zeit wird sie uns einmal in Püttlingen besuchen.

Auf ihren Bericht über Gefängnis und Konzentrationslager waren wir, ihre Jugendgruppe, besonders gespannt.

Mein Berufswunsch »Seelsorgehelferin« begann nach mühsamer, schulischer Vorbereitung zur Mittleren Reife im Jahre 1949 mit der Ausbildung im Seminar für Seelsorgehilfe in Freiburg. Als zusätzliches Geschenk empfand ich es, daß während meiner Studienzeit Schwester Katharina Novizin im Kloster der Liobaschwestern in Freiburg-Günterstal gewesen ist.

Die Verbindung mit ihr ist durch alle Jahre bis heute geblieben, und wir freuen uns, daß sie zur Zeit wieder bei uns zu Gast in Püttlingen ist.

Anhang 5

Erinnerungen an die Verhaftung von Katharina Katzenmaier
von Elisabeth Baltes

Es war am Dienstag, dem 20.07.1943, die Gesangsstunde – Kirchenchorprobe – war zu Ende. Wie schon oft, blieben wir eine Weile in der Kirche zurück, Schwester Katharina, Maria und ich. Draußen war es schon fast dunkel; trotzdem lud Schwester Katharina uns zu einem kleinen Umweg zu ihrer Wohnung ein. Wir gingen durch den Wald hinter der Kirche. Auf diesem Weg erzählte uns Schwester Katharina von einem Erlebnis, das sie vor einigen Tagen hatte: Sie kniete ganz allein nachts um 2.00 Uhr in der dunklen Kirche, weil sie vergessen hatte, abzuschließen und noch einmal dorthin zurückgekehrt war. Während sie betete, spürte sie furchtbare Angst, als ob eine dunkle Macht von hinten nach ihr greifen würde. Sie war in Schweiß gebadet und es kam ihr eine Vorahnung, daß etwas Schlimmes auf sie zukommen würde.

Sonst hatte sie sich nie in der Kirche gefürchtet.

Meine Schwester und ich wußten damals nichts von dem, was gegen Schwester Katharina im Gange war. Die allgemeine Lage war bei uns wie überall. Priester und die Vertreter der Kirche wurden scharf beobachtet. Etwas bedrückt vom dunklen Weg und dem Erzählen von Schwester Katharina kamen wir in ihrer Wohnung an und gingen mit auf ihr Zimmer. Ganz gegen ihre Gewohnheit bat sie uns, etwas von uns zu erzählen.

Wir setzen uns alle drei auf ihre Bettkante und Maria erzählte, wie sie ihren Ernst kennlernte. Schwester Katharina unterbrach sie nur durch kleine Bemerkungen. Inzwischen war es schon spät geworden, es ging gegen 23.00 Uhr, da schellte es. Unsere Mutter war da und suchte uns. Sie war sonst nie in Sorge um uns, wenn sie wußte, daß wir bei der Schwester waren. Wir verabschiedeten uns von Schwester Katharina und gingen mit unserer Mutter nach Haus. Erst als wir zu Hause waren, erzählte sie uns von dem Gerücht, Schwester Katharina sollte verhaftet werden. Woher sie das wußte, kann ich heute nicht mehr sagen.

Am anderen Tag, es war etwa zwischen 15.00 Uhr und 16.00 Uhr, kam unsere Cousine Agnes eilig zu uns und brachte die Nachricht: Heute mittag haben sie die Schwester Katharina verhaftet.

Das schlug wie eine Bombe ein.Meine Cousine war Verkäuferin in einem Lebensmittelgeschäft in der Nähe der Kirche und hat sicher auf diesem Weg schnell von der Verhaftung gehört. Wir waren alle sehr niedergeschlagen und todtraurig. Durch den Umgang mit der Schwester kamen wir oft ins Pfarrhaus. Deshalb konnte es nicht sonderlich auffallen, wenn wir auch jetzt dort ein- und ausgingen. Gemeinsam tauschten wir aus, was wir von den letzten Tagen wußten. Niemand konnte sagen, warum Schwester Katharina verhaftet wurde. Gemeinsam und allein haben wir gebetet, daß Gottes Wille geschehe. Mir persönlich stürzte ein ganzer Himmel ein, begann doch damals mein Interesse für den Beruf der Seelsorgehelferin wach zu werden. Unseren Herrn Pastor traf es wahrscheinlich am schwersten, hatte er doch in Schwester Katharina eine gute Mitarbeiterin verloren. Nur das Gebet füreinander gab uns damals Kraft, und damit waren wir nicht allein. In Gruppen und allein pilgerten wir zur Marienkapelle – Frau Paulus hatte sich der Kinder angenommen, bis man sie warnen ließ. Auf einmal wollte niemand daran Schuld sein, daß Schwester Katharina verhaftet wurde.

Nach langen bangen Tagen des Wartens hörten wir, daß Schwester Katharina im Saarbrücker Gefängnis sei. Es muß doch möglich sein, im Gefängnis einen Besuch zu machen, so glaubten wir, und sonntags machten wir uns auf den Weg.

Am frühen Nachmittag kamen wir an der »Lerchesflur« an. Erst gingen wir um das große düstere Gebäude herum und hatten ausgekundschaftet, wo die Fenster oder Lichtschächte der Gefangenen waren. Lange Zeit schauten wir voll Hoffnung und Spannung auf die verschiedenen Fenster der Gefangenen. Einmal kam hier ein Gesicht oder Kopf hoch, dann dort. Auf einmal vermeinten wir, Schwester Katharina erspäht zu haben. Wir machten uns durch Rufen und Winken bemerkbar und glaubten uns erkannt – damals waren wir sehr glücklich –. Es hatte sich später leider als Irrtum erwiesen, aber es hat uns Mut gemacht. Kurz entschlossen wagten wir am Gefängnistor zu fragen, ob wir Schwester Katharina besuchen dürften. Da wurde uns gesagt: »nur mit polizeilicher Erlaubnis und nur für Verwandte würde diese erteilt.« Trotz dieser Absage sind wir froh nach Hause gefahren und haben das, was wir erlebten, im Pfarrhaus berichtet.

Am nächsten Sonntag wollten wir wieder nach Saarbrücken fahren und die Flöte mitnehmen. Wir wollten verschiedene Lieder, die wir bei der Schwester gelernt hatten, vorspielen. Daran mußte sie uns doch erkennen.

So zogen wir denn am nächsten Sonntag wieder los, nahmen an unserem bekannten Platz Aufstellung und begannen zu flöten: »Herr bleibe bei uns« und »Danket, danket dem Herrn«.... Unsere Augen schauten währenddessen wie gebannt zu den Fenstern der Gefangenen. Ab und zu kam ein Kopf hoch. Ob Schwester Katharina uns gehört hatte? Sicher waren wir nicht. Die Angehörigen von Schwester Katharina kamen nach Püttlingen und durften im Gefängnis einen Besuch machen. Gespannt waren wir auf ihren Bericht. Wie die Verhandlungen wohl ausgingen? Wir hofften und beteten gegen alle Hoffnung. Und eines Tages hieß es: Schwester Katharina ist nicht mehr in Saarbrücken. Bange Wochen vergingen, bevor die erste Post von Ravensbrück ankam. Wir waren glücklich, auch nur ein Lebenszeichen zu erhalten. Immer wieder wurde der Brief gelesen und nach allen Seiten gedeutet. Auch wir schrieben zurück. Zwischen Heppenheim und Püttlingen ging die Post hin und her.

Immer wieder wurden Stimmen laut in der Pfarrgemeinde: »Die arme Schwester.« Zum äußeren Wirken waren uns die Hände und Füße gebunden, beten konnte uns aber keiner verwehren. So kamen die bangen Tage gegen Kriegsende. Die Postverbindung war unterbrochen. Die Nachrichten vom Schicksal der verschiedenen KZ'S waren trostlos. Sollte denn in den letzten Tagen noch alles schiefgehen? Wir warteten mit Sorge und Spannung. Der Krieg war längst zu Ende. Aber immer noch kein Lebenszeichen von Schwester Katharina. Wir hofften trotzdem gegen alle Anzeichen, daß Schwester Katharina am Leben sei und uns nur durch äußere Umstände kein Lebenszeichen geben könne. Im Mai 1945 war der Krieg zu Ende, und Anfang Oktober erfuhren wir von einem Püttlinger Soldaten, der Schwester Katharina in Eisenach nach dem Zusammenbruch getroffen hatte, daß sie noch lebte. Es war sonntags nach dem Hochamt vor der Kirche, als Herr Pastor Kronenberger dies mitteilte. Am 10. oder 11. Oktober kam erst die Nachricht von Heppenheim, daß Schwester Katharina dort angekommen sei.

Die Züge fuhren damals noch sehr unregelmäßig, Pässe gab es nicht, Herr Pastor schrieb mir eine Bescheinigung mit Pfarrstempel, mit der ich in Ludwigshafen über die Brücke konnte. Am 13. oder 14. Oktober bin ich morgens früh allein nach Heppenheim losgefahren.

Die Freude des Wiedersehens kann man nicht beschreiben. In der ganzen Pfarrgemeinde war die Freude groß, als die Kunde laut wurde – die Schwester lebt, und sie wird uns besuchen.

Inzwischen sind viele Jahre darüber vergangen. Die Erinnerung ist etwas verblaßt, aber das, was uns damals zusammengebunden hat, ist geblieben, trotz der äußeren

Trennung; und jedes Wiedersehn und Begegnen ist eine Gnade – von Gott geschenkt.

Püttlingen, 05. Mai 1966
gez. Elisabeth Baltes

Anhang 7

Gespräch mit KZ-Kameradin
Frau Dr. Gertrud Luckner
am 2. Januar 1990 in Freiburg/Breisgau
(Altersheim St. Vinzenz)

Gemeinsame Erinnerungen an unser Schicksal im Konzentrationslager und an unsere Rückkehr (1943–1945)

Gertrud: »Ich sehe nichts mehr, ich höre nur sehr schlecht; einen Augenblick; warum melden Sie Ihren Besuch bei mir nicht vorher an? Hier ist kein Platz, nirgendwo kann man sitzen, alles – auch der ganze Fußboden ist vollgelegt mit Akten, Zeitschriften, Büchern, Manuskripten, Briefen u.a.: aus aller Welt. – Und ich kann nicht mehr! –, mein Herz, mein Kopf. Bitte warten Sie, einen Augenblick. Ich muß erst etwas anziehen. Demnächst steh ich nackt da. Bitte, noch einen Moment. Ich bin 90 Jahre, 1900 in England geboren. Aber wo ist meine Krücke. Ich komme gleich, einen Augenblick. Dann gehe ich mit Ihnen in den 5. Stock des Hauses. Dort ist das laute Reden möglich; ich höre doch fast nichts mehr!«

Fast eine Stunde lang stehe ich im Arbeitszimmer bei meiner KZ-Kameradin – wir waren von 1943 bis 1945 zusammen Häftlinge im Konzentrationslager Ravensbrück – und leben noch. Einmal im Jahr steh ich vor der Tür, klopfe ganz fest, um Einlaß bittend.

»Wie können Sie da hereingelassen werden; sie läßt keinen Menschen zu sich kommen.«

Katharina: »Doch, doch – ich schon, allerdings kostet es Geduld und Beharrlichkeit.«

Erst schreit es von innen, aber dann öffnet sich die Türe nach harter Schlüsseldrehung von innen, nur ein schmaler Spalt:

Gertrud: »Warten Sie; ach Sie...!«

Ein kleines, krummes Weiblein, ausgemergelt, zerzauste Haare, faltenreiches Gesicht mit hohen breiten Backenknochen, strenger starker Nase, hohe Augenbrauen über schrägstehenden Augen und darüber die hohe starke Stirn läßt stumm fragen, wer waren wohl die Eltern dieses Waisenkindes? Keiner weiß es, sie auch nicht.

Immerzu mußte ich das gar nicht schöne Gesicht dieser »weltbekannten großen Frau« betrachten.

Deren aggressiver Empfang konnte meine Verehrung und Zuneigung gar nicht beeinträchtigen: sie ist meine KZ-Kameradin, nichts vermag uns seitdem bis heute zu trennen.

Also ging sie jetzt mit mir schweigend mit Mantel und Stock aus ihrem Zimmer langsam den schmalen Gang entlang, wir fuhren mit dem großen Aufzug des Altersheimes in die Cafeteria im 5. Stock. Ein gepflegter moderner Raum wartete auf noch mehr Besucher.

Zunächst sind wir allein dort oben. Durch die großen Fenster bewunderten wir die Sonne, die die raureifübersäten Bäume im festlichen Silberkleid erstrahlen ließ: wie schön!

Zuerst endlich einmal ein herzhafter Händedruck:

Gertrud: »Wünsche Ihnen ein gesegnetes Neues Jahr. Schalom! Friede allen Menschen.«

Die Freude über unser Wiedersehen brach auf und unser gemeinsames Interesse verdrängte die fast unmögliche Anfangsbegrüßung.

Unser Wunsch ist Friede...!

Länger als drei Stunden saßen wir zusammen.

Gertrud: »Das Konzentrationslager Ravensbrück war die Hölle. Das wissen wir, die wir das Schlimmste an menschlichem Sadismus und Grausamkeit Tag für Tag erdulden mußten. Die wenigsten der Überlebenden sind bereit, noch etwas als Augenzeugen der nächsten Generation bekanntzugeben. Krank, alt, resigniert reagieren »Ravensbrückerinnen«.

»Meine Nächte sind erneut geplagte Stunden, wenn ich im Wachtraum aufschreie vor Angst vor den Greueln der SS, die auf mich einschlagen, brüllen, bis ich todmüde nervlich ermatte, diesmal in meinem Bette hier.« Und alle sogenannten »Spätschäden« werden uns bis zum Tode begleiten und körperlich und seelisch so zusetzen, daß wir stets unverstanden überall unter Menschen sein werden.«

Katharina: »Auch ich fühle mich in vielen verschiedenen Menschengruppen als »Außenseiter«, unverstanden, sogar bei den engsten Verwandten. Wie könnte es auch anders sein. Sie waren nicht eingesperrt in Einzelhaft, sie waren nicht zu Nummern herabgesetzt, als Arbeitstiere geprügelt, hungernd und frierend, dem Tode nahe. Keinem Feind würde ich hassend so etwas Ähnliches wünschen. Niemals! Versöhnung habe ich mir vorgenommen, die Feinde lieben, weil Jesus diese Forderung stellte, wo ich doch gläubig ihm nachfolgen wollte. Noch heute brauche ich eine große Anstrengung und Mühe, Feindesliebe zu wollen. Das ist für unsereiner außerordentlich schwer.«

Gertrud: »Und ich habe viele Freunde in der ganzen Welt, vor allem Juden in den USA. Vor einigen Jahren folgte ich ihrer Einladung. Ich wurde in Begleitung vom Frankfurter Flughafen zum großen Treffen in New York gebracht. – Viele Vorträge habe ich in England, Israel und in der Schweiz gehalten. Noch im Jahre 1989 brachte man mich zur wichtigen internationalen Begegnung zwischen Christen und Juden nach Bad Nauheim, dorthin, wo nach dem Krieg und den Judenvernichtungen die ersten Anfänge zu Friedensplänen gemacht wurden.

Aber jetzt kann ich nicht mehr reisen, Freunde kommen nur noch vereinzelt zu mir; ich bin einsam, verlassen, vergessen, suche dringend einen qualifizierten Mitarbeiter, der englisch hebräisch, russisch, französisch sprechen und schreiben kann. Ich habe niemand. Gott möge mir beistehen!«

Katharina: »Allzugern würde ich an meinem Buch schreiben, das aber erst nach meinem Tode herausgegeben werden soll. Dazu bräuchte ich Zeit, viel Zeit! Im Streß stecke ich im Schuldienst, habe Jugendliche unserer Zeit in den obersten Klassen. Sie alle stecken unter Leistungsdruck, sind im Kampf um gute Zeugnisnoten gegenseitig neidisch und rücksichtslos. Der Sport ist ihrer Meinung nach viel wichtiger als zum Beispiel das Fach Religion. Einige führen freche, ja dumme Reden gegen den Papst und die Kirche, meiden jeden Gottesdienst, gehen an Feiertagen gut essen, betreiben verschiedene Hobbys, wollen alles besser wissen, haben keine Ehrfurcht vor den Eltern und Vorgesetzten. Früh verlassen sie das Elternhaus, wohnen bei einer »Freundin«, die ja schon Geld verdient, oder die Mädchen sind bei ihrem »Freund«, mit dem sie zusammenleben, manche sind bereits drogensüchtig. Da könnte ich noch mehr erzählen.«

Noch sitzen wir in der Cafeteria hier im modernen Großstadt-Altersheim. Es gibt nun Kaffee und Kuchen, mehrere Leute beleben den großen Raum. Und wegen der Schwerhörigkeit meiner Kameradin muß ich so laut sprechen – und auch sie spricht so laut –, daß ein alter Herr drüben am nächsten Kaffeetisch ärgerlich brummte: »Hier braucht man nur zuzuhören: interessant!«

Dringend wollte ich noch von meiner Kameradin wissen, wie ihr weiterer Lebensweg nach der Befreiung vom KZ durch die Russen verlief. Und da hatte ich die Redegewalt von ihr zu beachten, ja zu bewundern.

Gertrud: »Am 28. April 1945 sollte das Konzentrationslager Ravensbrück noch von der SS-Lagerführung gesprengt werden, bevor die Russen herankämen und Augenzeugen größter Menschenvernichtung werden könnten. Zündschnur und Sprengladung waren bereits im ganzen Lager gelegt; rasch hätten alle Holzbaracken mit den Häftlingen in die Luft gesprengt werden können. Es sollten 25.000 Mädchen, Frauen und Kinder so von der SS ermordet werden.

Inzwischen kamen täglich Häftlingstransporte ins Lager. Die Waggons schütteten Tote, Verhungerte, vom Fieber Geschüttelte heraus, eine stinkende Menschenmasse aus Auschwitz, Lublin und anderen Außenlagern, hier in unserer KZ-Lagerstraße. Tag und Nacht schoben SS-Aufseherinnen Französinnen und Belgierinnen, Zigeunerinnen und Holländerinnen in die ungereinigten verseuchten Waggons hinein, verschlossen die Riegel. Vollgepfercht fuhren sie ab, wohin, das wußte in diesem Augenblick keiner.«

Dem Bericht meiner Freundin konnte ich genau zustimmen. Ich hatte es selber gesehen, miterlebt: eine Deutsche, die zum Zählappell zurückgestoßen wurde, wurde ebenfalls verladen.

Gertrud: »Meine Kolonne stand stundenlang, war zu schwach um aktiv zu werden, nur Angst, was wohl mit uns sein wird: natürlicher Tod, Gaskammer, Transport. Wirr durcheinander schrie die SS, schlug mit Gummiknüppel in die Frauenleiber, die Hunde bellten und bissen, zerrissen viele unter uns. Wir hörten von ferne Bombeneinschläge und eine Hoffnung auf baldiges

Kriegsende und das Warten auf unsere Befreiung ermutigte doch ein wenig. Das Chaos wurde immer größer. Einige SS-Männer erschossen sich vor unseren Augen.«

Katharina: »In langen Marschkolonnen kommandierte SS uns Deutsche, die noch einigermaßen gehen konnten, rasch durch das Lagertor in Richtung Westen. Ich fand ein paar weggeworfene Schuhe, zog sie an, konnte besser laufen als vorher noch barfüßig, sonst wäre ich gewiß am Straßenrand wie viele liegengeblieben.«

»Schneller, schneller«, schrie mir eine SS-Aufseherin zu, schlug mit ihrem Gewehrkolben in den Rücken. Da explodierte hinter uns das große Munitionslager in Fürstenberg. Fluchtartig begannen sich die Kolonnen aufzulösen. Mädchen und Frauen versteckten sich in den Wäldern. Erschöpft sackte ich zu Boden, es war Nacht, ich verlor das Bewußtsein. Und beim Morgengrauen sah ich um mich herum Tote, Sterbende, noch Lebende. Wieviele werden überleben? Noch einmal versuchten SS-Aufseherinnen uns in Marsch zu setzen; viele Kilometer weit rannten wir vor ihnen her in Richtung Mirow, ja noch bis Malchow, ohne einen Schluck Wasser, ohne ein Stück Brot.«

Gertrud: »Ja, ja, da war ich noch bei den Übriggebliebenen auch dann noch, als englische Jagdbomber über eine Scheune kreisten, in der deutsche Soldaten lagen. Mitten in der folgenden Nacht verließen die Militärs die Scheune, trieben arme Häftlinge hinein, suchten in nächster Nähe auf einem Gutshof ihr Versteck. Und was geschah?: Der Gutshof brannte, und wir in der Scheune lebten. Mit Erstaunen erfuhren wir, daß die

Engländer informiert waren über den Menschenwechsel.«

Gertrud: »Inzwischen hatte ich meine Gruppe verloren, wir waren gerade noch drei in größte Not geratene Frauen im KZ-Kleid blau-grau-gestreift mit rotem Winkel und Häftlingsnummer auf dem linken Arm. Es ging uns sehr schlecht, wir bettelten am Straßenrand um Brot, aber man spottete und wünschte uns den Tod, so die Flüchtlinge mit Wagen und Pferden aus Ostpreußen; auch die Soldaten auf hohen Lastwagen hatten kein Herz für uns.«

Katharina: »Immer noch trieb uns die SS an – wir waren eine relativ große Zahl von Häftlingen –, bis an den Müritzer See. Alle Brücken waren gesprengt, die Baumkronen ringsrum abgeschlagen. Aus einer nahegelegenen Gaststätte mußten wir Tische herausschleppen, auf einem daneben stehenden Bauernhof fand man dicke Seile, mit denen die Tische zu einer Ersatzbrücke gebunden wurden. Unter dem Kommando eines umgekleideten, in Bauernkleidung dastehenden SS-Mannes, torkelten Häftlinge über die schwankende »Brücke«, viele rutschten ab ins Wasser, ertranken. Und dann sollte es bei uns keine SS mehr geben. Denn diese hatten den letzten Schuß sich selbst versetzt oder, und das habe ich auch erlebt, daß man sie bei lebendigem Leib in Stücke riß. Und da lag ein Sterbender am Straßenrand, schrie: »Der Teufel holt mich.« Ich beugte mich über ihn, betete um Reue, gab ihm ein Kreuz auf die Stirn.«

Schon drei Stunden sitzen wir hier im Altersheim zusammen, erzählen von unserem Heimweg aus dem Lager.

Und wie ging der Weg weiter?

Gertrud: »Wir drei Frauen blieben zusammen, suchten ein Dach oder endlich ein Bett bei mecklenburgischen Dorfbauern. Mißtrauisch gaben sie uns keine Herberge. Es war zum Verzweifeln. Englische Soldaten packten uns plötzlich zu sich ins Lastauto, rasten mit uns weiter in Richtung Hamburg.«

Katharina: »Und ich suchte mit einer tschechischen Kameradin ein Bündel Stroh, legte mich auf einem Akker darauf und schlief ein. Ein Pferdegewieher weckte mich, ein russischer Soldat sprang aus dem Sattel. Ich zitterte vor Angst, weil ich wußte, daß viele Vergewaltigungen passierten.

In Lübz in Mecklenburg schob ich später eine hübsche blonde Gutstochter in einen kalten Backofen, schloß rasch das eiserne Ofentor, blieb in meinem verschmutzten Häftlingskleid davorstehen, bis die Gruppe wilder russischer Kavallerie vorbeigeritten war. Erst dann konnte ich das Mädchen herausholen, verschmierte ihr und mein Gesicht mit Ruß, damit kein Mann mehr an uns Gefallen finden könnte. Selbst ältere Frauen haben diese Soldaten noch vergewaltigt.«

Gertrud: »So eine schreckliche Sache haben wir drei Frauen nicht zu fürchten brauchen. Aber Demütigungen und Beschimpfungen deutscher Nazis kränkten uns bis ins Mark.«

Katharina: »Elbaufwärts streunte ich mit wenigen schwachen Frauen durch die Nächte. Tagsüber versteckten wir uns in ausgebombten und menschenverlassenen Häusern, Ställen und Scheunen. Scheue Hühner wurden geschlachtet, ihr Fleisch im Freien gekocht, gegessen.«

Gertrud: »Wir wollten aber von Hamburg nach Lübeck, weil wir dort eventuell unsere Kameradinnen wiedertreffen würden; da wollten wir uns anschließen, weil drei Frauen auf den Landstraßen – noch in Häftlingskleidern – von Soldaten oder restlichen SS-Männern fürchten mußten, erschossen zu werden. Wir hatten ja keine Personalausweise, nur ich hatte noch eine kleine Essenskartei von Siemens im KZ. Bei kirchlichen Stellen versuchten wir, Hilfe in dieser Sache zu bekommen. Von polnischen Heimkehrern wurden wir mitgenommen. Aber in Lübeck gab es keine Kameradinnen mehr. Wir erkundigten uns nach ihnen bei der provisorischen Stadtverwaltung einer Trümmerstadt. »Auf Schiffen wurden viele, viele aufgeladen und in die Ostsee versenkt.« Zuerst glaubten wir, das seien erfundene Gerüchte, aber so war es wirklich geschehen.«

Die Zeit war fortgeschritten, so daß wir nicht weiter erzählen konnten. Meine liebe alte Kameradin war überglücklich, daß ich sie besucht hatte. Wir wußten ja nicht, ob wir uns in diesem Leben noch einmal so begegnen würden.

Nachtrag

Katharina: Unser Zusammensein war wie ein Fest der Liebe: zwei Menschen, deren Vergangenheit ganz nahe dem Tod gewesen ist. Um so erstaunlicher ist, daß wir noch leben, allerdings wie Fremdlinge bei Menschen, die uns niemals verstehen werden. Die meisten Leute wollen nichts von der deutschen Vergangenheit wissen, hier waren teuflische Kräfte am Werk. –

Vordergründig vergehen die Tageszeiten in alltäglichen Gewohnheiten wie essen, trinken, schlafen, Geldverdienen, Freizeit und Sport. Gott ist weit weggerückt von ihrem Alltag und ihren Lebenszielen und -wünschen.

Frau Dr. Luckner war überglücklich über unser Treffen:

Gertrud: »Ich bin ja immer allein, einsam in meinem Appartement.«

Mit ihrem Hausschlüssel öffnete sie den hinteren Ausgang zum Hof, drückte mich fest an ihren geschundenen alten Körper, wollte mich nicht von sich lassen und weinte: »Katharina, komme wieder zu mir, bitte bald; ich lebe nicht mehr lange.« –

So lange war ich da: die Sonne war untergegangen, als ich ins Auto stieg, um in mein Mutterhaus nach Freiburg-Güntersthal zu fahren. Dort begannen meine Exerzitien mit dem einführenden Abendvortrag:

»Der am Kreuz ist meine Liebe...«

Zwei Bücher hat Frau Dr. Luckner beim Abschied mir geschenkt. »Herbst der Hoffnungen« von Wladyslaw Bartoszewski (Herder, Freiburg) * und das Büchlein von Reinhold Schneider »Das Vaterunser« (Herder-Verlag).

* Gleich schlage ich auf und lese oben Seite 48:

»Wir hatten schon vor dem Krieg von Dachau gehört. Wir wußten, daß dort geschlagen würde: Kommunisten und Juden und sogenannte Asoziale, daß einzelne auch umgebracht wurden. Lager ja, Grobheiten, Brutalität, Ausbeutung das schon, aber Vernichtung?«

*Seite 133 eba:

»Auschwitz, das ist das Golgota des modernen Menschen, wie es der polnische Papst (Joh. Paul II.) bei der Messe in Auschwitz am 7.6.1979 gesagt hat. »Man muß sich hier mit Furcht fragen, wo liegen die Grenzen des Hasses –, die Grenzen der Vernichtung des Menschen durch Menschen –, die Grenzen der Grausamkeit.« –

Und dann wollte ich endlich am Abend früh zu Bett gehen und schlafen, schlafen. Aber es war so, wie es mir immer passierte, wenn ich vom KZ hörte, sprach oder las, daß ich dadurch nicht einschlafen konnte oder mit den Nerven erschrocken zusammenzuckte: die Erlebnisse stiegen neu in meiner Erinnerung so auf, als wäre ich wieder im KZ.

Das Beste, was ich jetzt machen konnte, war, das zweite Buchgeschenk (von Reinhold Schneider) aufzuschlagen und ich las ab S.61: *und vergib uns unsere Schuld, wie auch wir vergeben unsern Schuldigern... (»das wir IHN täglich verraten;... das ist unsere größte Schuld. Die Liebe ist zu uns gekommen, aber wir tragen sie nicht weiter; die Verheißung hat unter uns gelebt, und wir verzweifeln; der Himmel ward uns geöffnet, und wir versinken in Traurigkeit und Furcht. ...)«

Frau Dr. Luckner starb am 4. August 1995

Anhang 8

Joseph Pistorius 66346 Püttlingen, 9.11.1993

Sehr verehrte Schwester Theodolinde,

das Zusammensein mit Ihnen liegt fast drei Wochen zurück, aber die Erinnerung an diese Begegnung ist noch so lebendig, daß mir der Zeitabstand gar nicht bewußt ist.

Ich hatte mir diese Begegnung immer gewünscht, hatte mich doch die Erzählung meines Vaters über Ihre Verhaftung, Ihr Verhalten, Ihren Bericht über die schlimmen Erfahrungen im KZ und in den Tagen nach der Befreiung so beeindruckt, daß ich sie nicht vergessen konnte. Und nun erlebte ich das Unerwartete, daß die Erinnerung an das , was ich von meinem Vater hörte, mit Ihrer Erzählung über die zurückliegende Zeit auf der Ritterstraße und im KZ weitgehend übereinstimmte. Ich erfuhr von Ihnen viele Details, die ich nicht kannte (vor allem über die Mißhandlungen im KZ, über die Brutalität der Aufseher), aber ich mußte meine Erinnerungen nicht in wesentlichen Punkten korrigieren. Als Historiker weiß ich, wie wenig Verlaß auf das Gedächtnis ist, wenn man bedenkt, daß das, was Ihnen widerfahren ist, 50 Jahre zurückliegt und ich damals gerade 14 Jahre alt geworden war. Außerdem konnte man in der damaligen Zeit nicht offen reden, gab es keine

Möglichkeit der Rückfrage. Wie erklärt sich das? Liegt es vielleicht daran, daß die Untaten während der NS-Zeit so ungeheuer waren, daß sie unser Vorstellungsvermögen so sehr übersteigen, daß unsere Phantasie gar nicht in der Lage ist, sie zu steigern, daß unsere Worte das Schreckliche überhaupt nicht ganz wiedergeben können? – Nach dem Gespräch mit Ihnen konnte ich nicht schlafen: die Ängste der damaligen Zeit wurden wieder lebendig. Mir fielen immer wieder einige Zeilen aus den Gedichten »Chor der Geretteten« (von Nelly Sachs) und aus der »Todesfuge« (von Paul Celan) ein.

Und ich erlebte Sie: Ihre innere Ruhe, Ihre Gelassenheit, über die zurückliegende Zeit und das Ihnen Widerfahrene zu reden – ohne Verbitterung, ohne Haß, aber auch ohne Verdrängung, der Wahrheit verpflichtet. Das war das Beeindruckendste in dieser Begegnung. Ich danke Ihnen herzlich für dieses Gespräch!

....

Dr. Joseph Pistorius

Die Überlebenden

Die Hölle streifte uns. Wir blicken nicht
nach Trümmern um, die Gut und Werk bedecken.
Verglühnder Richtstatt unerhörten Schrecken
Entkamen wir und eilen ins Gericht.

Beugt euch in Gottes waltendes Gericht!
Die letzten sind wir, die euch schaudernd wecken.
Seht aus der Tiefe sich den Schatten recken.
Faßt euch ans Herz und glaubet an das Licht!

Die Engel und die Drachen streiten weiter.–
Uns ist die Welt versehrt, das Herz zerrissen.
Und geisterhafte Lichter wirft der Tag.

Ihr Beter streitet fort und wecket Streiter!
Die Gnade faßt, daß wir vom Abgrund wissen
Und von der Liebe, die euch retten mag!

aus Reinhold Schneider, APOKALYPSE, Sonette S.34, VI, Verlag Hans Bühler jr., Baden-Baden, 1946.

Anmerkungen

1. in: Ravensbrück, Versöhnung durch Erinnerung, Wallfahrt nach Ravensbrück am 3.4.1993, S. 56

2. Persönliche Aufzeichnungen vom 28. Sept. 1945

3. Persönliche Aufzeichnungen vom 28. Sept. 1945

4. Persönliche Aufzeichnungen vom 28. Sept. 1945

5. Frauen-KZ Ravensbrück: Autoren-Kollektiv unter Leitung von G. Zörner, VEB Deutscher Verlag für Wissenschaften, Berlin 1973 S. 93

6. Frauen-KZ Ravensbrück: s.o. S. 127

1930
Katharina und Maria
Katzenmaier
beim Weinfest
in Heppenheim

1943
Katharina Katzenmeier
im Bunker vor der Verhaftung
fotographiert

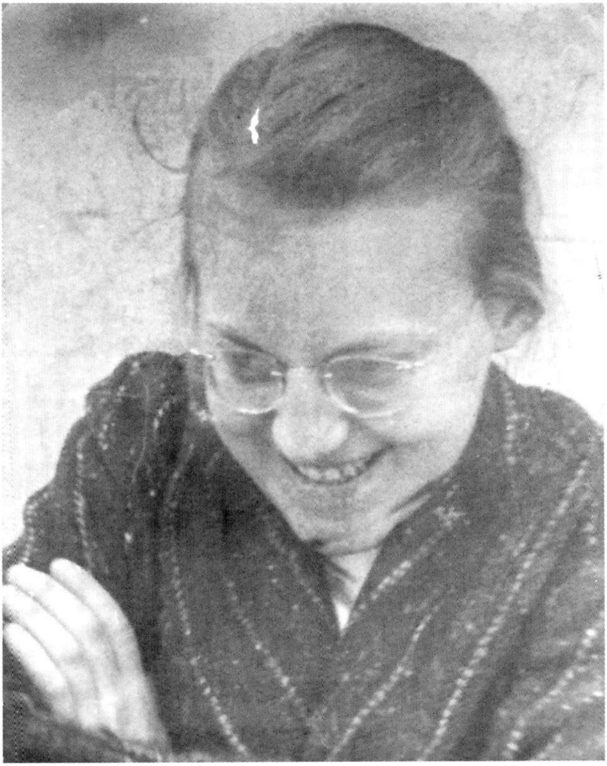

1949
Eintritt ins
Kloster der
Benediktinerinnen
in Freiburg-
Günterstal
– als Novizin

– im Kloster

1968
Festrede zu den Fünfzigjährigen des Jahrgangs 1918

1995
Treffen in Ravensbrück
50 Jahre nach der Befreiung